Table

Les fous d'Allah

La Belgique

Introduction

Depuis plus d'un an, nous assistons à une recomposition du paysage djihadiste sans précédent dans les trente dernières années, avec le déplacement de l'épicentre du djihad mondial de la zone afghano-pakistanaise vers la zone syro-irakienne.

L'avènement de l'État islamique s'est fait progressivement. Sa genèse remonte au personnage d'Abou Moussab al-Zarqaoui qui a fondé la première organisation active sur le sol irakien à la suite de l'invasion américaine en 2003, laquelle organisation s'est transformée en Al-Qaïda en Irak pour devenir ensuite l'État islamique. Cet avènement s'est appuyé sur la déliquescence des États syrien et irakien, sur la force d'attraction du conflit en Syrie et, pour partie, sur l'attentisme de la communauté internationale, qui a mis longtemps à réagir à la progression de ces réseaux.

L'État islamique se distingue de toutes les autres organisations djihadistes depuis trente ans, à commencer par Al-Qaïda, par trois aspects.

D'abord son assise territoriale: il contrôle désormais un territoire aussi vaste que le Royaume-Uni. Ensuite sa force d'attraction, sa capacité de mobilisation sans précédent – plus de 20 000 combattants étrangers ont rejoint la zone syro-irakienne depuis trois ans –, avec une stratégie de propagande et de recrutement adaptée aux modes de pensée et de représentation du monde des candidats potentiels au djihad.

Le financement

Le revenu annuel théorique de l'organisation s'établit à près de 3 milliards de dollars par an, et que sa richesse, en comptant l'ensemble des réserves – pétrole, gaz naturel, etc. – qui sont à sa disposition, représente plus 2 000 milliards de dollars.

Ce financement présente trois caractéristiques. Premièrement, l'État islamique est autosuffisant sur le plan financier. C'est un changement total de modèle économique par rapport aux dispositifs précédents, en particulier celui d'Al-Qaïda, qui dépendait de financements extérieurs provenant de donateurs privés ou institutionnels, notamment des ONG islamiques du Golfe.

Deuxièmement, les sources de financement sont diversifiées, s'appuyant principalement sur l'exploitation des ressources naturelles : pétrole, gaz naturel, agriculture, eau. Troisièmement, les sources d'origine criminelle – extorsions, rançons – sont limitées.

Le régime actuel des sanctions ciblées, notamment le gel des fonds appliqué par l'Organisation des Nations unies, semble inadapté pour faire face à ce nouveau modèle économique et n'aura que peu d'effets sur le financement de l'État islamique. L'organisation est autosuffisante et n'effectue pas de transactions internationales.

Avec l'avènement de l'État islamique, Al-Qaïda est, pour la première fois depuis sa création en 1988, confrontée à une organisation concurrente. La structure d'Al-Qaïda a évolué : on est passé d'une organisation élitiste et combattante à une organisation multipolaire ayant de nombreux affiliés, puis à un mouvement attrape-tout, inspirateur plus qu'acteur opérationnel.

Al-Qaïda s'est progressivement détournée du champ de bataille et a laissé la place, d'abord à des structures affiliées, puis à des organisations combattantes locales. D'une certaine manière, elle s'est déterritorialisée et dématérialisée. Pour autant, le djihadisme n'a pas éclipsé le terrorisme. La dynamique des deux phénomènes veut qu'ils s'alimentent mutuellement.

Certains ont minimisé le risque terroriste représenté par l'État islamique en faisant valoir que son objectif était avant tout régional : celui de consolider le califat déclaré en juin 2014. Pour les spécialistes ce djihad régional se transformerait en menace globale.

D'abord parce que c'est l'histoire même du mouvement djihadiste de ces trente dernières années: les moudjahidines d'Afghanistan, par exemple, avaient également des objectifs régionaux avant de se transformer en Al-Qaïda. Ensuite parce que l'État islamique lui-même, confronté à une coalition internationale, a appelé dès septembre 2014 ses sympathisants à frapper les membres de cette coalition sur leur sol.

Enfin parce que, dans le cas de l'État islamique, bien différent de celui d'Al-Qaïda, la mobilisation est sans précédent: même si les objectifs stratégiques de l'organisation ne sont pas nécessairement terroristes aujourd'hui, la participation massive de djihadistes aura forcément – et a déjà – des conséquences sur le sol français et en Europe.

Dernier facteur: le djihad est depuis longtemps le ressort des mouvements terroristes islamistes. Sans cette base, ce ciment fédérateur tant idéologique que militaire, ceux-ci deviendraient des groupes nihilistes, sans véritable direction et voués à perdre progressivement leur crédit et leurs recrues.

L'État islamique dispose à la fois de la puissance d'une organisation et d'une capacité de mobilisation sans précédent, ces milliers de djihadistes étant susceptibles de constituer, à terme, une véritable force de projection terroriste si l'organisation le décidait.

Si Al-Qaïda et l'État islamique luttent pour le leadership du djihad mondial, les passerelles sont multiples entre les deux organisations, sur le terrain comme sur le plan idéologique. En témoignent les allégeances, soutiens et autres ralliements auxquels nous assistons depuis huit mois de la part de groupes précédemment affiliés à Al-Qaïda ou faisant dissidence.

Dans l'univers djihadiste, il existe également des liens qui transcendent les organisations. L'histoire a montré que les réseaux interpersonnels perdurent, que ces réseaux peuvent se reconstituer rapidement, qu'ils s'adaptent en permanence par nécessité ou opportunisme. C'est précisément cette ductilité qui fait leur force.

L'exemple le plus récent de cette situation nous a été donné avec les attentats de Paris (Janvier 2015), opération coordonnée entre les frères Kouachi et Amédy Coulibaly alors que les premiers et le second se réclamaient d'organisations distinctes.

Nous observons aujourd'hui la conjonction d'une menace nouvelle par son ampleur, la menace djihadiste, et d'une menace terroriste ancienne et latente qui refait surface à la faveur du contexte international. Cette menace est protéiforme. Les actions menées en Occident depuis plusieurs mois en témoignent: qu'elles se situent dans l'orbite terroriste ou dans la mouvance djihadiste, elles peuvent être dirigées, incitées, aidées ou simplement inspirées par ces organisations.

Protéiforme dans son origine, cette menace l'est également dans ses manifestations et son mode opératoire, qui sont désormais sensiblement différents de ce que l'on observait dans les années

1980, 1990 et 2000. Ces évolutions s'observent essentiellement dans quatre domaines.

Sur le plan structurel, nous devions faire face à des groupes structurés, organisés et hiérarchisés ; nous sommes passés à un terrorisme individuel ou «micro-cellulaire». Cette mutation a pour origine les groupes terroristes eux-mêmes, qui se sont adaptés aux contraintes sécuritaires et à l'atomisation des enjeux en privilégiant une approche dématérialisée, entretenant avec leurs membres ou leurs sympathisants un rapport quasi virtuel, sans contacts physiques, principalement grâce à l'Internet. Dès la fin des années 1990, un des stratèges d'Al-Qaïda, le syrien Abou Moussab al-Souri, avait anticipé cette mutation en prônant le djihad individuel – *jihad al-irhab al-fardi*.

En 2000, il expliquait lors d'un enseignement dans un camp d'entraînement afghan que «les jeunes rechignent à adhérer à une organisation hiérarchique par crainte d'être identifiés par les autorités». Le terrorisme, hier structuré par des organisations et des réseaux, s'est mué en une multitude d'acteurs groupusculaires qui n'entretiennent peu ou pas de liens hiérarchiques ou directionnels avec un des groupes terroristes. C'est ainsi que les actes de terrorisme individuel en Europe ont représenté 12 % des attentats entre 2001 et 2007 et de 40 à 45 % depuis cinq ans.

Sur le plan tactique, ces individus ou ces micro-cellules n'engagent pas de préparatifs importants, leurs actions sont parfois même improvisées, ce qui réduit encore notre capacité à les détecter et les identifier pour les neutraliser préventivement, contrairement à ce qui fut le cas pour la plupart des projets d'attentats en Europe dans les années 2000.

Ils recourent de moins en moins à l'explosif, ou de manière beaucoup moins sophistiquée qu'auparavant. Son maniement est considéré à raison comme complexe et l'acquisition de substances et de composants est sujette à la surveillance des services régaliens.

Ils privilégient le recours aux armes de poing et aux armes blanches, qui représentent 50 % des attentats planifiés depuis cinq ans en Europe. Enfin, ils préfèrent les attentats ciblés et symboliques à forte résonnance médiatique: communauté juive, police, militaires, Charlie Hebdo… C'est ce que l'on a appelé le «terrorisme stratégique», qui fait usage d'une violence ciblée, discriminée, vecteur, contrairement aux attentats «aveugles», d'une plus grande légitimité pour ces groupes.

Depuis 4 ans (2012), 20 000 combattants étrangers provenant de 90 pays se sont rendus sur le théâtre d'opérations syro-irakien, soit plus que de djihadistes partis en Afghanistan en dix ans. Parmi ces combattants étrangers nous dénombrons désormais près de 4 500 ressortissants ou résidents de 20 pays de l'Union européenne impliqués dans des filières djihadistes, sachant que 60 % d'entre eux proviennent de trois pays, la France, la Grande-Bretagne et l'Allemagne, et que 30 % viennent de France, ce qui représente le premier contingent européen.

Parmi ces 4 500 djihadistes, on estime qu'entre 800 et 1 000 sont revenus sur le territoire européen. Ce phénomène touche également plusieurs pays situés aux frontières de l'Union européenne : la Suisse, avec plus de 50 djihadistes, les Balkans, avec un effectif de 650, la Russie, d'où sont partis entre 800 et 1 500 individus.

Les conséquences de cet engagement sur le plan sécuritaire sont multiples. Dans tous les conflits impliquant la présence de djihadistes étrangers depuis trente ans, qu'il s'agisse de l'Afghanistan, de la Bosnie, de la Tchétchénie, de la Somalie ou de l'Irak, on a toujours observé des répercussions de cette participation à court, moyen ou long terme dans nos pays, la menace intérieure prenant la forme d'actions de propagande, de recrutement, de soutien ou de terrorisme.

Ce sont des djihadistes ayant combattu sur des théâtres étrangers qui ont été à l'origine de tous les projets d'attentats majeurs ayant visé le territoire national, notamment le projet contre le marché de Noël de Strasbourg en 2000, le projet du réseau Beghal visant l'ambassade des États-Unis à Paris en 2001, le projet d'attaque chimique à Paris en 2002 – réseau Ben Chellali – et les projets visant la tour Eiffel et la cathédrale Notre-Dame de Paris en 2010.

La première conséquence de cet engagement, pour une minorité de ces djihadistes, est le basculement au retour dans la violence terroriste, ou la poursuite du djihad sur leur propre sol.

La participation à des activités terroristes au retour résulte de deux processus déjà observés dans le passé : l'appartenance à une organisation et la socialisation. Dans le premier cas, le combattant a rejoint un groupe terroriste dont l'objectif affiché est de frapper les pays occidentaux, il sera donc incité ou dirigé à plus ou moins long terme pour commettre un acte terroriste.

C'est le cas, typiquement, de la cellule de Hambourg, qui mena les attentats du 11 septembre. Dans le second cas, c'est le contact, l'interaction avec d'autres combattants et la conscience progressive de la légitimité d'une action sur son propre sol qui inspire le djihadiste pour passer à l'action. Ce fut le cas de la cellule de Francfort en 2000 et de la filière tchétchène en 2002.

L'étude la plus récente, qui date de 2013, montre que, entre 1990 et 2010, sur 945 djihadistes occidentaux s'étant rendus sur un théâtre d'opérations à l'étranger, 107 ont été impliqués dans la commission d'actes de terrorisme, soit plus de 11 %. En France, le magistrat antiterroriste Marc Trévidic estime que cette proportion est de 50 %.

À l'heure actuelle, 4 Français sur les 190 qui sont revenus du théâtre d'opérations syro-irakien ont été impliqués à leur retour dans des activités terroristes, qu'il s'agisse de la préparation ou de la commission d'attentats, ce qui représente 2 % des « retournées». Cette proportion est identique à celle que l'on observe au plan européen.

La seconde conséquence découle à court terme du retour de djihadistes et à long terme de l'impact qu'auront ces événements en termes de radicalisation.

Les combattants ont une capacité d'endoctrinement très forte à leur retour car ils disposent d'un ascendant important et sont auréolés de leur statut de combattant. Ils sont donc susceptibles de mener des actions de propagande, de prosélytisme et de recrutement.

Au-delà des seuls combattants, l'emprise et l'enracinement à long terme, par capillarité, du phénomène salafiste djihadiste et de ses soutiens, sont une cause de préoccupation majeure, amplifiée par la propagande massive et accessible à tous les groupes djihadistes.

Le gouvernement estime aujourd'hui à plus d'un millier le nombre de sympathisants français sur l'Internet. Une minorité d'entre eux, à l'instar des combattants, ont une capacité de mobilisation, comme nous l'ont montré les attentats et projets d'attentats déjoués depuis deux ans.

Cette capacité de mobilisation est alimentée par la propagande des groupes djihadistes, notamment l'État islamique qui a appelé à plusieurs reprises depuis le mois de septembre ses sympathisants à frapper les pays de la coalition, appels eux-mêmes relayés par des combattants occidentaux de diverses nationalités.

De ce point de vue, l'État islamique agit plus comme un catalyseur et un déclencheur du passage à l'acte que comme une source de radicalisation.

Depuis le début du conflit en Syrie, plus de vingt projets d'attentat ont visé les pays occidentaux et leurs ressortissants. Sur les seize attentats ou projets d'attentat documentés, sept, soit un peu moins de la moitié, ont été menés à leur terme.

À l'exception de l'action commise à Bruxelles par Mehdi Nemmouche avant l'appel de l'État islamique à des actes individuels, ces attentats ont été perpétrés par des personnes qui n'avaient pas combattu sur le théâtre d'opérations djihadiste en Syrie ou en Irak, soit qu'elles en eussent été empêchées, comme ce fut le cas de différents terroristes en Australie et au Canada notamment, soit qu'il se fût agi de sympathisants d'organisations djihadistes.

Par ailleurs, neuf attentats ou projets d'attentat ont été conçus par des individus agissant seuls. Pour ce qui est du mode opératoire, les individus ayant combattu sur le théâtre d'opérations syro-irakien envisageaient des modalités complexes – attaques multiples, usage d'explosifs, attaques suicides –, tandis que les sympathisants recouraient à des modalités rudimentaires – voiture bélier, arme blanche, arme de poing, fusil de chasse –, suivant en cela les recommandations formulées par le porte-parole de l'État islamique al-Adnani au mois de septembre 2014.

Enfin, comme nous l'avons constaté avec plusieurs terroristes condamnés en France et déchus de leur nationalité française, notamment Djamel Beghal, mentor d'Amedy Coulibaly et de Chérif Kouachi, certains n'ont toujours pas pu être expulsés en raison de l'opposition de la Cour européenne des droits de l'homme, qui invoque des risques de traitements inhumains et dégradants pour refuser leur expulsion, notamment vers l'Algérie.

Il faut également s'interroger sur le contrôle qu'a l'État islamique de plusieurs établissements bancaires – environ 24 à Mossoul, à Rakka, à Deir Ezzor. Aujourd'hui encore, aucune sanction internationale ne vient frapper ces établissements qui, j'en ai eu la confirmation tout récemment, continuent à effectuer des transactions internationales. Nous sommes en effet dans un régime de sanctions ciblées et de gel des fonds qui nous oblige à identifier des individus, des intermédiaires ou des sociétés pour bloquer leur accès au système financier international.

Le phénomène des filières djihadistes, qui concerne au premier chef la zone irako-syrienne, atteint une ampleur sans précédent et la radicalisation touche désormais une grande diversité de personnes. Il en résulte une aggravation très préoccupante de la menace terroriste, qui a également profondément changé de nature par rapport à celle que notre pays a connue dans les années 1990 et 2000.

Les organisations terroristes djihadistes constituent une première source de menaces. Il s'agit d'Al-Qaïda et des groupes qui lui sont affiliés, notamment Al-Qaïda dans la péninsule arabique, qui a revendiqué l'attentat commis par les frères Kouachi, ou Al-Qaïda au Maghreb islamique (AQMI), ainsi que de Daech.

Les retours de djihadistes de la zone irako-syrienne sont l'un des facteurs importants de l'aggravation de la menace, la majorité d'entre eux ayant combattu dans les rangs de Daech, qui a officiellement appelé le 21 septembre 2014 à la commission d'attentats terroristes en France et dans les pays participant à la coalition

Radicalisation

Le phénomène que connaît actuellement la France est largement inédit, tant au regard de son ampleur que de sa nature. Le nombre des Français ou résidents français concernés par les filières irako-syriennes connaît depuis janvier 2013 une constante augmentation. Les djihadistes quittant la France rejoignent principalement les rangs de Daech et, dans une moindre mesure ceux de Jabhat Al-Nosra, organisation affiliée à Al-Qaïda.

D'après les chiffres communiqués par le ministre de l'Intérieur le 19 mai 2015, 1 683 individus ont été recensés, ce qui représente un triplement depuis janvier 2014. Les chiffres communiqués à la date du 26 mai font état de 1 704 personnes impliquées.

Ce nombre recouvre des situations différentes et on distingue parmi ces personnes:
- *457 individus présents en Syrie ou en Irak, dont 137 femmes et 80 mineurs (dont 45 jeunes filles)*
- *320 individus considérés comme en transit entre la France et la Syrie*
- *278 individus détectés comme étant repartis de la zone, dont 213 sont revenus en France. Les autres sont principalement localisés en Turquie et dans les pays du Maghreb. Depuis les premières frappes de la coalition en septembre 2014, le nombre de volontaires ayant regagné la France est passé de 121 à 212, soit une progression de 57 %*
- *105 présumés morts dont 8 dans des opérations suicides*
- *2 détenus en Syrie*
- *521 ayant des projets de départ.*

L'ampleur de la menace terroriste djihadiste est donc sans commune mesure avec ce qu'elle a pu représenter dans les années 1990 et 2000, avec les filières afghanes, bosniaques ou tchétchènes. Ainsi, une quarantaine de djihadistes Français seulement avaient combattu en Afghanistan au cours de la dernière décennie.

Le phénomène des départs pour le djihad vers la zone irako-syrienne n'est pas propre à la France, le recours aux « combattants étrangers » faisant partie intégrante de la stratégie de Daech : comme l'a indiqué devant la commission d'enquête M. Laurent Fabius, ministre des Affaires étrangères et du développement international, environ 20 000 de ces combattants, originaires de plus d'une centaine de pays, sont recensés dans les rangs de Daech, sur un nombre total de combattants estimé entre 40 000 et 50 000.

La majorité de ces combattants étrangers provient des pays d'Afrique du Nord : entre 2 000 et 3 000 de Tunisie, entre 1 500 et 2 000 du Maroc, entre 1 300 et 2 500 de Jordanie, 1 300 de Turquie, 500 d'Égypte.

En agrégeant les personnes qui sont présentes dans cette zone, celles qui y sont décédées ou détenues, celles qui sont en transit pour la rejoindre, la France apparaît actuellement comme le principal pays européen de départ, suivie par le Royaume-Uni, avec 700 départs, l'Allemagne, 600, et la Belgique, 250 environ.

Il convient néanmoins de souligner les limites des comparaisons internationales. En effet, les méthodes de comptabilisation du nombre de «combattants étrangers» ne sont pas harmonisées au niveau européen. Par ailleurs, le décompte dépend des capacités de détection des États ainsi que de leur volonté de partager ces données sensibles.

Au-delà du phénomène des départs vers la zone irako-syrienne, selon les chiffres communiqués par le ministère de l'Intérieur le 18 mai dernier, environ 2 800 personnes nécessitent une attention particulière de la direction générale de la sécurité intérieure (DGSI), dont 1 345 en raison de leur implication dans les filières irako-syriennes.

M. Bernard Cazeneuve, ministre de l'intérieur, avait indiqué, lors de son audition du 21 janvier 2015, le chiffre de 3 000 personnes en incluant les personnes relayant les discours des groupes terroristes sur internet et les réseaux sociaux.

Profil

Les personnes ayant quitté la France pour la zone irako-syrienne constituent une population jeune. Un nombre croissant de mineurs est concerné, certains adolescents élaborant des projets de départ vers la zone irako-syrienne à l'insu de leur famille tandis que d'autres mineurs, parfois très jeunes, sont partis avec leurs familles.

Une diversification des profils est observée. Plus de 20 % sont des femmes. Celles-ci sont souvent les épouses de djihadistes ayant accompagné ou rejoint leur mari, parfois avec leurs enfants mais des jeunes filles ont également rejoint la zone irako-syrienne (45 jeunes filles sur 80 mineurs).

Par ailleurs, si la majorité des djihadistes est issue de familles de culture arabo-musulmane, plus de 20 % de convertis sont cependant comptabilisés, cette proportion atteignant 25 % s'agissant des femmes.

Leur origine sociale est également diverse. Depuis le début de la guerre civile en Syrie en 2013, on pouvait constater un afflux de jeunes issus des classes moyennes vers le djihadisme, alors que l'image classique que nous avons du djihadiste est celle d'un jeune de banlieue qui est passé par les étapes suivantes : déviance, prison, sortie de prison, récidive, participation à des trafics, illumination mystique (...), voyage initiatique dans des pays où sévissent des formes de djihadisme, retour en Europe, accomplissement d'un certain nombre d'actes violents sur les citoyens.

Il est ainsi frappant de constater que plus de la moitié des personnes parties vers la zone irako-syrienne étaient inconnues des services.

Les départs se sont faits principalement de six régions : Île-de-France, Rhône-Alpes, Provence-Alpes-Côte d'Azur, Languedoc-Roussillon, Nord-Pas de Calais et Midi-Pyrénées. Néanmoins, il convient de souligner que l'ensemble du territoire est concerné et que les données relatives à la répartition géographique doivent être analysées en tenant compte de la démographie des différentes régions, ainsi que des phénomènes de départs groupés qui ont affecté certains départements, qu'il s'agisse de départs de familles entières ou de groupes de jeunes.

S'agissant de la population, plus large, des personnes radicalisées, les données relatives aux signalements recueillis par le CNAPR et par les états-majors de sécurité départementaux traduisent également une absence de profil type :
- 75% des signalements concernent des majeurs et 25% des mineurs ;
- 35 % des signalements concernent des femmes ;
- s'agissant des mineurs, 56 % des signalements concernent des jeunes filles ;
- 41 % des signalements concernent des convertis ;
- 9 % des personnes signalées sont déjà parties, principalement en Syrie.

Il convient cependant d'interpréter ces chiffres avec prudence, dans la mesure où ils ne concernent que les cas de radicalisation ayant fait l'objet d'un signalement, émanant en règle générale de la famille, et comportent donc différents biais. Ainsi, la part des convertis s'y trouve surreprésentée car les familles de culture arabo-musulmane utilisent moins le dispositif de signalement, ce qui peut être lié à des différences de perception sociale de la radicalisation. La proportion importante de signalements concernant des femmes peut, quant à elle, s'expliquer par une attention plus importante des familles à leur égard. La répartition géographique des signalements correspond à celle des personnes concernées par les filières irako-syriennes.

Idéologie politique ?

Les auditions menées par la commission d'enquête en 2015 ont apporté un éclairage sur la dimension guerrière et politique du djihad, que la commission considère comme plus importante que sa dimension religieuse. Ainsi que l'ont rappelé des membres de la commission d'enquête, lorsqu'Ibn Saoud a pris le pouvoir dans ce Nedjd qu'il allait transformer en Arabie saoudite, ne cachait-il pas ses ambitions politiques sous un discours religieux?

Pour M. Mohamed Zaïdouni, président du conseil régional du culte musulman de Bretagne, un élément-clef permettant d'expliquer la radicalisation d'un individu tient à son ignorance ou à sa connaissance insuffisante de la religion. « *La plupart de ceux qui tombent dans la radicalisation ne connaissent pas leur religion ou la connaissent mal par manque d'outils linguistiques et théologiques. L'ignorance est un terreau fertile pour la culture du fanatisme, elle prédispose à l'endoctrinement et à la radicalisation. Les terroristes qui passent à l'acte ne sont pas solidement enracinés dans leur religion et n'ont reçu qu'une éducation spirituelle superficielle. Ayant connu la délinquance, le banditisme ou la prison, souvent en situation d'échec scolaire ou social, ils sont en quête d'une forme de reconnaissance et rattachent pour cela leurs actes à une religion, voire à un simple slogan dont ils ignorent la signification profonde* ».

Plusieurs notions religieuses sont d'ailleurs détournées par les djihadistes. Les islamistes radicaux font du combat contre les « mécréants », c'est-à-dire principalement les juifs et les chrétiens, mais aussi contre les apostats, le principe de base de leur islam. Ils cherchent à imposer la violence comme une obligation, une preuve de foi qui serait la seule façon de combattre les valeurs païennes qui gouvernent le monde.

Pour cela, ils détournent le concept de djihad qui signifie à l'origine «l'effort du croyant» dans sa recherche de Dieu. Or ce djihad spirituel est d'abord un engagement envers soi-même. Selon M. Dalil Boubakeur, président du Conseil français du culte musulman, le mot arabe jihad renvoie à l'effort : jahada, c'est faire effort. « *Celui-ci a une connotation quasi mystique : c'est un effort sur soi-même pour se corriger, se purifier, pour être un bon musulman, quelqu'un qui se remet en question et essaie d'être à la hauteur de ce que Dieu attend de lui* ».

Certains spécialistes rappellent que ce n'est que sous des conditions très strictes qu'il peut devenir un djihad armé établi par l'autorité de l'État, et non par des individus, uniquement en cas de légitime défense.

Comme le rappelle Mme Dounia Bouzar, anthropologue du fait religieux, toutes les religions monothéistes évoquent dans leur récit une fin du monde. Dans l'islam, elle se réalisera sur la « terre du Sham » qui correspond à une vaste région qui englobe la Syrie, le Liban, la Jordanie, la Palestine ainsi qu'une partie de l'Irak et de la Turquie.

Le massacre d'une partie du peuple syrien par le président Bachar el-Assad a constitué, aux yeux des radicaux, l'un des signes de l'imminence de la fin des temps : selon eux, la Syrie sera l'actuel théâtre de la prophétie apocalyptique mondiale annoncée par les textes saints et c'est donc là que se produirait la « troisième guerre mondiale » conduisant à la fin du monde ;

le Mahdi, descendant du prophète apparaissant à la fin des temps pour sauver le monde, émergera des légions djihadistes actuellement au combat ; seuls accèderont au paradis les « Véridiques » ayant combattu au sein de l'armée du Mahdi, les autres étant voués à l'enfer, et chaque martyr pourra emmener avec lui 70 personnes au paradis. C'est cette vision qui incite les jeunes en voie de radicalisation à gagner le Sham et délégitime tout individu qui reste en Occident.

Enfin, la notion d'«hijra» peut se traduire par la « fuite», l'«exil » ou l'«émigration» et évoque le départ contraint du Prophète, persécuté, de la Mecque vers Médine en l'an 622. S'ouvre alors une ère nouvelle, l'Hégire, qui marque le début du calendrier islamique et correspond à une période où les musulmans cessent de fuir, affrontent leurs ennemis et se lancent dans des conquêtes territoriales.

Les islamistes radicaux actuels auraient, selon Mme Dounia Bouzar, déformé le sens de ce concept pour convaincre les jeunes qu'ils vivent les mêmes persécutions que le prophète (interdiction du foulard, stigmatisation dans les médias, discriminations à l'embauche...) et les inciter à vivre en Syrie ; l'Occident est une terre à fuir et tout musulman restant ailleurs que sur la terre du Sham est illégitime car appartenant aux ennemis de l'islam.

Il est d'ailleurs révélateur de constater que certains djihadistes ayant rejoint la Syrie ne sont pas partis pour combattre sur la ligne de front, mais pour ouvrir des commerces ou des restaurants à Racca ou occuper des fonctions administratives ou judiciaires – un juge islamique de Daech serait ainsi de nationalité française.

Interrogés sur ce point, les services du ministère de l'intérieur reconnaissent qu'« *il conviendrait en effet de distinguer les individus partant dans la zone syro-irakienne pour combattre ou apporter leur soutien aux combattants - les "djihadistes" - de ceux et celles souhaitant simplement faire leur hijra, c'est à dire vivre dans un milieu purement islamique. Cependant cette distinction n'est pas aisée à opérer, cette distinction n'étant pas forcément connue, perceptible ni toujours claire dans l'esprit des "partants".* »

L'idéalisme de l'homme révolté par l'injustice du monde semble prédominer chez les djihadistes. L'individu se marque en rupture à travers la séduction que constitue le modèle narcissique du « rebelle » dans nos sociétés. Le nouveau croyant se restructure autour d'un contre-système de valeurs supposées traditionnelles qui le différencient du monde environnant : il oppose la frugalité à l'opulence du monde ; la pudeur et la décence à la sexualité agressive commerciale des pays occidentaux : la spiritualité au matérialisme ; la solidarité à l'individualisme.

Lors de son audition devant la commission d'enquête, M. Samir Amghar, chercheur, a ainsi affirmé : «Dans le marché des utopies, il ne reste que le djihadisme». Selon M. Fahrad Khosrokhavar, *«dans les banlieues et dans les prisons, qu'on le veuille ou non, l'islam dans sa version djihadiste est devenu la religion des opprimés. Tous ceux qui ont des reproches à faire à la société trouvent des réponses en son sein »*.

Selon lui, les jeunes qui, dans les années 1970, auraient pu adhérer aux groupes d'extrême-gauche violente tels qu'Action directe en France, les Brigades rouges en Italie ou Baader-Meinhof en Allemagne, trouvent dans le djihadisme un écho à leurs revendications : anti-impérialisme, anti-américanisme, rejet de l'arrogance occidentale.

Le professeur Raphaël Liogier ne dit pas autre chose lorsqu'il affirme que *«le califat occupe une place omniprésente dans l'imaginaire, même inconscient, des musulmans ; il peut revêtir des traits abstraits ou spirituels, mais il peut également représenter une utopie politique à l'image de la société sans classe de Karl Marx »*.

On ne peut d'ailleurs manquer de faire le rapprochement entre «l'idéologie » djihadiste et ses méthodes et celles de l'extrême-gauche violente, notamment dans la définition des cibles symboliques à atteindre – comme les tours du World Trade Center qui incarnent le capitalisme – ou dans l'évocation de conflits comme celui qui oppose les Israéliens et les Palestiniens.

Dans son récent rapport d'information sur l'indignité nationale, le président de la commission des Lois de l'Assemblée nationale, M. Jean-Jacques Urvoas, établit un parallèle entre le mouvement anarchiste que la France et d'autres pays d'Europe ont connu un siècle plus tôt et l'actuel terrorisme djihadiste.

La fin du XIXème siècle et le début du XXème siècle sont marqués en France par une répression inflexible à l'égard des anarchistes qui ont choisi la voie de la terreur à partir des années 1890 pour diffuser leur idéologie.

Fondé sur la négation du principe d'autorité dans l'organisation sociale et le refus de toute contrainte découlant des institutions dont la raison d'être repose sur ce principe, à commencer par l'État, l'anarchisme a alors pour but de développer dans le monde entier des contre-modèles politiques, institutionnels, économiques, sociaux et culturels : les anarchistes prônent une société sans domination et sans exploitation, où les individus-producteurs coopèrent librement dans une dynamique d'autogestion et de fédéralisme.

Afin d'imposer ce modèle, ils recourent aux méthodes les plus dures : terrorisme, actions de récupération et de reprise individuelle, expéditions punitives, sabotage, boycott, voire certains actes de guérilla. Parmi leurs opérations les plus retentissantes qui, alors, marquèrent les esprits figurent les assassinats du tsar Alexandre II le 13 mars 1881 ou du président de la République Sadi Carnot à Lyon le 24 juin 1894, les tentatives d'assassinat de l'empereur Guillaume Ier d'Allemagne, des rois Alphonse XII d'Espagne et Humbert Ier de Savoie, ou encore divers attentats à la bombe et homicides.

Or, selon le président Urvoas, «*par bien des aspects, le terrorisme djihadiste auquel la France est aujourd'hui confrontée est comparable au terrorisme anarchiste de la fin du XIXème siècle. Ses affidés s'attaquaient déjà à des symboles de la " classe bourgeoise ", de l'État, par définition oppresseur (magistrats, Chambre des députés, président de la République) et s'en prenaient parfois aussi, au hasard, à des anonymes. Peu organisés et parfois "auto-radicalisés" pour reprendre un néologisme contemporain, ils agissaient souvent seuls ou en petit nombre, comme les auteurs des récents attentats terroristes à Paris notamment. Ils étaient animés par un véritable esprit de vengeance et ne semblaient pas craindre la mort à l'instar des actuels terroristes djihadistes* ».

Plusieurs chercheurs ont souligné que la radicalisation djihadiste dans son aspect révolutionnaire et totalitaire présentait des similitudes avec d'autres mouvements extrémistes non religieux. L'embrigadement djihadiste peut utiliser des méthodes d'emprise mentale caractéristiques des groupes sectaires et s'appuyer sur l'ensemble des moyens offerts par la propagande moderne.

Ainsi, en imposant le port du niqab et du jilbab aux jeunes filles, les intégristes effacent leurs contours identitaires. Privées de leur identité et de leur individualité, elles se fondent dans le groupe qui s'autorise alors à penser à leur place. Pour les garçons, cette destruction identitaire passe par un changement de nom.

La radicalisation procède le plus souvent d'une logique de rébellion qui peut expliquer en partie ses déclinaisons violentes et ses penchants révolutionnaires. Il n'est pas surprenant de constater que ce sont les plus jeunes, plus fragiles et influençables et souvent en quête d'idéal, qui sont les premiers touchés par ce phénomène.

Selon les personnes entendues par la commission d'enquête, il convient toutefois de rester prudent sur ce qui relève d'une part des manipulations sectaires, qui présuppose une perte de libre arbitre et réduisent le radicalisé au statut de victime et, d'autre part, ce qui est du ressort de la criminologie. Car, il n'y a pas toujours que de « jeunes victimes vulnérables» et sous emprise de gourous manipulateurs.

Certains jeunes, parfois délinquants, peuvent trouver dans cette déviance apparente un exutoire commode à leurs pulsions criminelles ou une couverture de respectabilité dissimulant des activités moins avouables. Par ailleurs, certains radicalisés épousent en toute connaissance de cause, sans perte de libre arbitre, le djihadisme en véritables militants politiques activistes.

Salafisme quiétiste et djihadiste

Le salafisme est un mouvement ultra-orthodoxe de l'islam développant une approche littéraliste des versets coraniques et de la tradition prophétique. Une multitude de tendances s'est développée au sein de cet ensemble ; elles s'opposent entre elles sur les plans religieux et politique.

La particularité du salafisme français réside dans la large domination de sa branche quiétiste, légaliste et pacifique. Les tenants de cette mouvance se caractérisent par leur apolitisme et par leur rejet de la violence. Ils s'opposent ainsi systématiquement au positionnement politique des Frères musulmans en Égypte et à celui des islamistes marocains et algériens, car ils considèrent que l'islam n'est que religieux.

Le salafisme quiétiste critique les valeurs dominantes de la société et ne les reconnaît pas car elles ne sont pas régies par les lois islamiques. Un fossé existe cependant entre le discours et la pratique, car l'environnement, perçu comme hostile, conduit à réaliser des compromis. M. Rachid Abou Houdeyfa, très populaire auprès des jeunes musulmans, diffuse régulièrement sur Internet des vidéos regardées par plusieurs dizaines de milliers de personnes, il développe à partir de la matrice salafiste quiétiste l'idée qu'il est tout à fait possible de concilier salafisme et intégration dans la société française.

Toutefois, selon M. Samir Amghar, chercheur, les positions des salafistes ne semblent pas tranchées sur ce point. Selon lui, un certain nombre de salafistes quiétistes considèrent néanmoins qu'il s'avère impossible d'être pleinement musulman en France et qu'il y a lieu d'envisager d'émigrer.

Le salafisme représente le mouvement bénéficiant du plus grand nombre de conversions religieuses, et 20 à 30 % des salafistes sont des convertis. L'origine ethnique de ces derniers s'avère variée, puisque, selon M. Samir Amghar, « *ce sont des Français de métropole, des Camerounais, des Congolais, des Zaïrois, des Réunionnais ou des Martiniquais. Ils se convertissent au salafisme car celui-ci défend une vision rigoriste de l'islam ; tout parcours de conversion marquant une rupture, les tendances les plus orthodoxes, voire les plus radicales, se révèlent les plus attirantes. En outre, comme ils ne proviennent pas de familles de culture musulmane, ces personnes développent un complexe d'islamité et souhaitent rattraper leur retard en embrassant une vision orthodoxe de la religion* ».

L'écrasante majorité des salafistes ne deviennent pas des djihadistes. C'est d'ailleurs là la différence majeure entre le djihadisme et le fondamentalisme : un grand nombre de djihadistes – y compris les frères Kouachi et Amedy Coulibaly, ne sont pas passés par la phase fondamentaliste. Dans des cas très minoritaires, il arrive que le fondamentalisme soit l'antichambre du djihadisme. Mais il peut aussi être, une sorte de « remède contre le djihadisme, dans la mesure où les fondamentalistes observent un certain nombre de prescriptions contraignantes et se considèrent souvent, de ce fait, comme des élus, ce qui satisfait leur subjectivité ».

La radicalisation peut être non djihadiste, ainsi que le montre le cas d'Anders Breivik, qui a tué plus de soixante-dix personnes et en a blessé plus d'une centaine d'autres en Norvège. La radicalisation, au sens où les sociologues l'entendent, est la conjonction d'une idéologie radicale et d'une action violente.

De même, une action violente qui n'est pas inspirée par une idéologie radicale est une action crapuleuse, qui relève de la criminalité de droit commun. Pour les fondamentalistes, dans la très grande majorité des cas, cette conjonction n'existe pas. D'ailleurs, une suspicion indue à l'égard des fondamentalistes peut, au-delà d'un certain seuil, pousser quelques-uns d'entre eux vers des formes d'action violente, dans la mesure où ils penseront que, de toute façon, aucune différence ne sera faite entre des djihadistes et eux. En France, le fondamentalisme n'est pas illégal tant qu'il n'est pas assorti d'une action violente. M. Fahrad Khosrokhavar insiste sur ce point : soyons vigilants et n'identifions pas indûment fondamentalisme et djihadisme: ils relèvent de deux registres différents ».

L'endoctrinement

Les vidéos de l'islam radical n'apparaissent pas dès le premier abord. De nombreux jeunes visionnent d'abord sur les réseaux sociaux des vidéos qui contestent le système productif et la société de consommation. Une partie des messages s'appuie sur des faits avérés ou vraisemblables tels que des médicaments qui se sont avérés nocifs, divers scandales alimentaires, des publicités mensongères ou certaines pratiques commerciales outrancières.

Ces vidéos ne sont pas malveillantes en elles-mêmes, mais leur cumul repris sous l'angle du complot immerge le jeune dans une vision du monde où la duplicité prévaut et où « on nous cache la vérité».

Le jeune a alors le sentiment d'avoir trouvé « la vérité cachée » qui explique à la fois son mal-être et l'état déplorable de la société. Il se laisse alors entraîner dans une succession de vidéos qui le dépriment, le paniquent mais aussi le galvanisent. Ces vidéos non prosélytes servent de moyen d'approche et contribuent à déstabiliser les individus fragiles, choqués par le cumul des contenus.

Une seconde série de vidéos persuade ensuite le jeune que des sociétés secrètes manipulent l'humanité et dirigent l'ensemble du monde à l'insu du peuple. La plus nocive d'entre elles serait celle des Illuminati, que les vidéos accusent de s'infiltrer partout pour asseoir son pouvoir. Certaines vidéos veulent persuader le spectateur que des symboles sataniques sont cachés partout, de l'étiquette de boissons sucrées aux billets de banque d'un dollar...

Enfin, une troisième série de vidéos persuade le jeune que seule une confrontation finale avec le monde peut sauver l'humanité grâce au « vrai islam ». Ces vidéos ont pour but de prolonger la phase d'endoctrinement en mettant en exergue des images encensant la beauté de la création d'Allah. Se mêlent à ces images réconfortantes des extraits détournés de témoignages de convertis, souvent sincères et d'interviews de pseudo scientifiques. Le jeune est alors sommé de se réveiller pour rejoindre le véritable islam, non pas celui de l'Arabie Saoudite, de la Tunisie ou de la France, mais celui des Véridiques, qui peut seul régénérer le monde lors de la confrontation finale.

Arrivent alors des vidéos de recrutement dont le but est de convertir un internaute qui ne se posait à l'origine aucune question spirituelle mais se trouvait plutôt engagé dans une volonté de se battre contre les injustices. Immergé dans une vision du monde où tout n'est que complot et mensonge, le jeune est persuadé que l'islamophobie n'est que la facette ultime du complotisme dans la mesure où cette religion constitue la seule chance de combattre les forces sataniques. Devenir un musulman rigoriste devient alors l'unique façon de détruire ces sociétés secrètes qui veulent anéantir l'humanité.

Le jeune se retrouve mentalement prisonnier d'une paranoïa qui peut le pousser à entrevoir les pires actes pour faire face au pire des mondes. (…) Le passage à l'acte terroriste devient possible si le sujet se met à entrer en contact avec des sites radicaux et à côtoyer des extrémistes prônant cette vision sombre et sans concession du monde.

Internet est la communication idéale pour un fonctionnement basé sur le réseau, ce qui est le cas des groupes terroristes en général. (…) Les terroristes d'aujourd'hui ne fonctionnent pas dans le vide ni isolément, contrairement aux apparences, mais sous la forme de réseaux qui apparaissent comme des organismes vivants nourris de dynamique de groupe, souvent plus élaborés qu'on ne le pense, en dépit des apparences de logistiques parfois sommaires. […] Le réseau est l'élément-clé du fonctionnement d'un groupe terroriste, si réduit soit-il.

La mosquée, lieu de radicalisation

Le passage par la mosquée n'est pas automatique. Pour l'anthropologue, l'islam radical peut faire basculer des jeunes sans qu'ils n'aient participé à aucune prière. Certains sont partis ou voulaient partir en Syrie sans qu'aucune pratique religieuse ne soit décelée la veille.

Dans d'autres parcours, les radicaux passent par une mosquée pour renforcer l'alibi religieux de l'endoctrinement de leur victime. Ils créent alors une confusion en se faisant passer pour de simples musulmans orthodoxes alors qu'en réalité, ils mettent en place un processus d'endoctrinement de leur victime : interdiction de rencontrer ses anciens amis, cessation de certaines activités, arrêt des études… Les familles se retrouvent démunies face au changement de comportement de leur enfant et mettent parfois beaucoup de temps à réaliser qu'il ne s'agit pas seulement d'une conversion religieuse.

D'autres observateurs font remarquer qu'aucune enquête n'a permis de mettre en évidence qu'un djihadiste français se serait radicalisé à la mosquée. En effet, il semblerait que, dans aucune mosquée, ne soit tenu un discours ouvertement favorable au djihad. En revanche, selon certains observateurs, des religieux — salafistes quiétistes et représentants du mouvement tabligh — restent neutres, refusant de laisser entrer la politique dans les lieux de culte.

En réalité, il semblerait que les imams soient dépassés par un phénomène qu'ils découvrent en même temps que le reste de la population française. Si la radicalisation ne passe pas officiellement par les prêches prononcés par les imams dans les mosquées, cela ne signifie pas que le rôle de ces lieux de culte soit négligeable. Cela peut être l'endroit où se font des rencontres, où des religieux sans titre officiel peuvent essayer, à la sortie du prêche et de manière plus ou moins discrète, de porter un autre message. Selon divers témoignages, la mosquée peut également être le lieu où sont repérés les musulmans modérés, et sur lesquels des islamistes peuvent tenter d'imposer leur emprise.

Le rôle de la prison

Espace géographique clos, la prison suscite des débats sur le rôle qu'elle peut jouer en matière de radicalisation et de djihadisme. Deux opinions opposées s'affrontent : celle pour laquelle la prison serait la «pouponnière» du djihadisme et celle pour laquelle son rôle serait surévalué.

Le phénomène échapperait aux autorités carcérales qui ont en tête un modèle de radicalisation aujourd'hui obsolète et totalement en porte-à-faux par rapport à la réalité de la radicalisation. En effet, depuis quelques années, les détenus les plus radicalisés adoptent une attitude introvertie, ne se laissent pas pousser la barbe, ne montrent aucune agressivité à l'égard des surveillants, voire dissimulent leur religiosité à ces derniers lorsqu'ils se convertissent.

De telle sorte que les surveillants sont, dans plusieurs cas, totalement ignorants du phénomène. Cette nouvelle forme de radicalisation concerne souvent de très petits groupes, deux ou trois personnes au maximum, afin de ne pas appeler l'attention de l'administration pénitentiaire.

Seule une minorité des individus se trouvant aujourd'hui en Syrie ou en Irak aurait fait, au préalable, l'expérience de la détention. Et s'il est vrai que les djihadistes qui ont commis les attentats de Toulouse et de Paris avaient tous eu pas produite en prison.

Si la prison n'est pas réellement un lieu où se forment les futurs djihadistes, la situation pourrait évoluer avec l'incarcération en grand nombre de djihadistes revenant du Moyen-Orient. La réponse de nature carcérale apportée à ces jeunes qui reviennent en France présente cet inconvénient.

Ce qui frappe dans l'analyse du profil de tous ceux qui sont entraînés dans des opérations à caractère terroriste, c'est l'extraordinaire fongibilité entre le monde de la petite délinquance et le monde du terrorisme, soit que les petits délinquants basculent dans le terrorisme après s'être radicalisés en prison auprès de détenus radicalisés, soit qu'ils apportent un soutien logistique à des opérations sans nécessairement savoir ce à quoi ils participent.

Jusqu'à ce jour, la quasi-totalité de ceux qui ont commis des actes violents au nom du djihad étaient issus des banlieues et avaient été des délinquants : Khaled Kelkal en 1995 ; Mohammed Merah en 2012 ; Mehdi Nemmouche à Bruxelles en 2014 ; les frères Kouachi et Amedy Coulibaly en janvier 2015 ».

Guerre Civile

Les Musulmans Français

Sur les 15 millions de Musulmans recensés en Europe de l'Ouest, plus de 5 millions sont installés en France qui est l'Etat occidental comptant la plus forte proportion de Musulmans au sein de sa population.

Depuis le début des années 2000, le phénomène islamiste ne cesse de croître, essentiellement concentré dans les banlieues des grandes agglomérations. Les extrémistes sont devenus des acteurs majeurs des zones sensibles et les signes de progression de l'islam radical s'observent chaque jour. Le ministère de l'Intérieur évalue à 50 000 le nombre de nouveaux convertis dans notre pays en quelques années.

Dans les mosquées fondamentalistes, l'islam est inculqué aux populations par des prédicateurs radicaux, souvent étrangers, qui tiennent un discours de rupture vis-à-vis des institutions républicaines et prêchent un racisme antifrançais. Les islamistes se consacrent à la remise en cause des lois et coutumes de la société française pour y substituer leurs pratiques traditionnelles, en totale opposition avec nos institutions démocratiques et laïques. Malgré la faible proportion d'islamistes parmi la communauté musulmane française, leur activisme virulent est d'autant plus préoccupant qu'il n'y a pas de frontière étanche entre l'islam fondamentaliste et le terrorisme.

Or, la lutte contre le terrorisme islamiste, consécutive aux attentats du 11 septembre 2001 et à la campagne d'Afghanistan, a révélé l'existence de filières de recrutement djihadistes sur notre territoire, à Paris comme en province. Ainsi, nos banlieues sont des viviers de recrutement, depuis lesquelles plusieurs centaines de jeunes Français musulmans se sont déjà rendus en Bosnie, en Tchétchénie, en Afghanistan ou en Irak, combattre aux côtés des moudjahidines et y recevoir une formation terroriste.

Les motivations de ces départs relèvent à la fois du contexte sociologique spécifique de la troisième génération d'immigrés, du manque de repères de la partie la plus déshéritée de la jeunesse française - pour laquelle le passage par les camps du djihad semble donner un sens à l'existence - et de la situation au Moyen-Orient, où le conflit israélo-palestinien et l'occupation de l'Irak renforcent la victimisation des islamistes radicaux.

Mais les effets de l'islamisme ne concernent pas seulement la sécurité intérieure ; ils touchent aussi la sphère économique et les activités de certaines entreprises. La pression islamiste s'exerce dans les entreprises, principalement selon deux modalités : le prosélytisme militant et contestataire et le développement de trafics susceptibles d'alimenter la cause du djihad. Cette poussée fondamentaliste dans les entreprises impacte sur certaines activités économiques, notamment en générant de nouveaux risques sectaires et criminels, propres aux zones de consommation urbaines et périurbaines dans lesquelles elles sont implantées. Cela n'exclut nullement l'hypothèse d'attentats contre les acteurs économiques.

L'islam en France

L'islam est devenu, depuis deux décennies, la seconde religion pratiquée en France, derrière le catholicisme et devant le protestantisme et le judaïsme.

Les Musulmans de France sont essentiellement issus des trois pays de l'ex-Afrique du Nord française (Maroc, Algérie, Tunisie) et dans une moindre mesure des pays de l'Afrique subsaharienne, des Comores, de Turquie et du Moyen-Orient. Les pratiques culturelles de l'islam français se différencient de celles de l'islam de Grande-Bretagne, originaire du Moyen-Orient, et de celui d'Allemagne, d'influence turque. Ces nuances n'existent cependant pas pour les formes les plus intégristes de la religion du Prophète.

Immigration

La nécessité de disposer d'une main d'œuvre à bas coût pour soutenir la croissance au cours des « trente glorieuses » a conduit les autorités françaises à faire appel à ces populations avec lesquelles des liens historiques existaient depuis la colonisation du Maghreb à la fin du XIXe siècle. Puis, le regroupement familial, autorisé au cours de la seconde moitié des années 1970, et la montée en puissance de l'immigration clandestine, à partir des années 1980, ont produit ce résultat de plus de 5 millions de Français - mais aussi d'étrangers - musulmans.

Travailleurs immigrés, légaux ou clandestins, se sont ainsi établis momentanément puis durablement en France pour des raisons économiques. Ils se sont installés dans les banlieues des grands centres urbains où ils ont logiquement et légitimement reproduit leurs lieux de cultes et une partie de leurs modes de vie traditionnels. Pendant près d'un demi-siècle, aucun problème de coexistence n'est apparu. Toutefois, l'accroissement régulier de la proportion des Musulmans en France et la montée en puissance de l'islam radical dans le monde ont peu à peu changé la donne.

Les chiffres

Selon un rapport de la Direction centrale des Renseignements généraux (DCRG), remis début juin 2004 au ministre de l'Intérieur de l'époque, Dominique de Villepin, des centaines de quartiers sensibles présentent des signes inquiétants de repli communautaire aggravé, notamment sous l'influence de la montée en puissance de l'islam radical.

Huit critères ont été retenus par les RG pour définir les quartiers sensibles :
- *un nombre important de familles d'origine immigrée, pratiquant parfois la polygamie*

- un fort tissu associatif communautaire
- la présence de commerces ethniques
- la multiplication des lieux de culte musulmans
- le port d'habits orientaux et religieux
- les graffitis antisémites et anti-occidentaux
- l'existence, au sein des écoles, de classes regroupant des nouveaux arrivants ne parlant pas français
- la difficulté à maintenir la présence de Français d'origine.

Sur les 630 quartiers sensibles que surveillent les RG, la moitié serait ghettoïsés ou en voie de l'être. Cela concerne approximativement 1,8 million d'habitants des zones urbaines et périurbaines. Toutes les régions sont concernées par ce phénomène. A titre d'exemple, l'agglomération de Blois (Loir et Cher, 54 000 habitants), a priori modeste préfecture de la vallée de la Loire, compte une ZUP de 18 000 âmes, dans laquelle les forces de l'ordre ont de grandes difficultés à intervenir.

L'intégrisme

La caractéristique majeure de ces quartiers est: la violence, le non-respect de l'ordre républicain, le cumul de handicaps sociaux et culturels et la montée en puissance de l'islam radical. Les populations qui y vivent conservent les pratiques culturelles et les modes de vie traditionnels de leurs pays d'origine. Cela se traduit dans les faits par une forte endogamie, une pratique non négligeable de la polygamie, la connexion à des programmes de radio et de télévision étrangers, par l'émergence de modes de régulation sociale des conflits parallèles aux institutions et par une vie associative repliée, organisée en fonction de l'origine des immigrés.

Dans ces quartiers, on observe une perte de clientèle "européenne" dans les hypermarchés particulièrement fréquentés par des consommateurs musulmans portant le voile ou d'autres signes extérieurs religieux. Il y a souvent fermeture des commerces de proximité, soit parce qu'ils ne correspondent plus au marché local soit sous la pression ou la menace islamiste.

A Evry, la volonté des gérants d'un Franprix de ne plus vendre ni porc ni alcool avait provoqué, en 2002, la colère du maire qui dénonçait la ghettoïsation du quartier. La construction de nouvelles mosquées de grande taille - comme celle de Massy, en Essonne - regroupant plusieurs anciens édifices vétustes, risque fort d'accroître cette tendance. Les immigrés qui sont en voie d'intégration cherchent à quitter au plus vite ces quartiers sensibles.

Cette préoccupante dérive communautariste est aggravée par la récente montée en puissance d'un islam radical qui prospère dans ce contexte favorable. Les religieux extrémistes sont devenus des acteurs majeurs des zones sensibles et leur prosélytisme intégriste porte peu à peu ses fruits. Les signes de progression de l'islam radical se mesurent principalement au port d'habits religieux et à la différence croissante entre les modes de vie des hommes et des femmes dans ces quartiers. Les services du ministère de l'Intérieur évaluent de 30 000 à 50 000, le nombre de nouveaux convertis dans notre pays en quelques années, notamment parmi les jeunes.

Les Français convertis sont souvent les plus virulents, qu'il s'agisse des hommes épousant des femmes musulmanes et leur imposant un port strict du voile - pour montrer leur bonne application des "principes" de l'islam - ou des épouses françaises d'islamistes originaires d'Afrique du Nord. Selon un autre rapport des Renseignements généraux du 5 août 2003, les convertis à l'islam dans le département de l'Essonne représentent "un phénomène préoccupant et en pleine expansion".

Ces conversions sont notamment dues à la forte implantation, dans ce département, du mouvement Tabligh, une organisation piétiste indo-pakistanaise. Or, dès 1995, les RG considéraient que le Tabligh constituait l'organisation d'où émergeait, depuis une dizaine d'années déjà, la plupart des responsables de l'islam radical en France.

Les imams intégristes sont pour la plupart de nationalité étrangère, souvent en situation irrégulière et ne parlent pas - ou à peine - le français. Pourtant, ce sont eux qui détiennent aujourd'hui la véritable influence et non pas les institutions musulmanes de France ou la mosquée de Paris, lesquelles n'ont qu'un « contrôle » partiel sur leurs coreligionnaires.

Les antennes paraboliques

Un facteur-clé de la progression de l'islam radical est la télévision. La diffusion de certains programmes télévisuels, la multiplication de sites internet et des réseaux sociaux, jouent un rôle clé dans l'islamisation. En effet, une proportion croissante de Musulmans, travaillés par les intégristes, écoute, depuis nos banlieues, les prêches fondamentalistes émis depuis le Yémen, le Soudan, le Pakistan et l'Arabie saoudite. Et de plus en plus fréquemment, les islamistes radicaux cherchent à évincer les imams officiels des mosquées. On constate, depuis dix ans, l'essor des chaînes de télévision par satellite extra-européennes captées au moyen d'antennes paraboliques, implantées sur les toits et les balcons de nos banlieues, dont Al-Jazira, Al Arabiya ou Al-Manar sont les plus connues.

Plus de 10 millions de personnes y ont accès en France, plus de 100 millions en Europe. Certaines populations immigrées ont ainsi trouvé un moyen de rester en contact avec leurs communautés d'origine, en particulier de conserver des attaches linguistiques et culturelles.

Ce phénomène crée de véritables espaces politiques et religieux virtuels, dont les ressortissants, quoique présents sur notre sol, sont davantage en communion et en communication avec des valeurs et des interlocuteurs basés à l'étranger. Ainsi, dans nos banlieues, l'islam fondamentaliste se nourrit à la fois des frustrations locales et de l'actualité internationale (Daech, *intifada palestinienne, exemple de Ben Laden, intervention américaine en Irak, etc.*). Des responsables de lycées parisiens à forte proportion d'immigrés révèlent "*nous vivons au rythme des événements du Moyen-Orient*".

Or, certains programmes TV tiennent des discours opposés aux idées démocratiques ou de tolérance qui fondent notre système. C'est le cas de la chaîne du Hezbollah, diffusée un temps en France. Elle faisait à la fois du prosélytisme religieux - diffusant à longueur de journées des sourates du Coran - et tenait des propos ouvertement antisémites. Beaucoup de Musulmans radicaux, par rejet de la télévision occidentale, voient leurs sources d'informations réduites à ces seuls outils de propagande.

Lorsqu'on sait que les Français regardent la télévision en moyenne trois heures par jour, cela permet de saisir l'énorme pouvoir d'influence que peuvent avoir ces chaînes de télévision. C'est également le cas des sites internet islamistes hébergés hors de France, sur lesquels aucun contrôle n'est possible.

Une frange de notre jeunesse se laisse ainsi séduire par les sirènes d'une idéologie dont les buts sont ouvertement opposés aux valeurs de notre société démocratique. Dans les mosquées fondamentalistes, l'islam est inculqué aux populations par des prédicateurs radicaux qui tiennent un discours de rupture vis-à-vis des institutions républicaines et prêchent un racisme antifrançais exacerbé et un antisémitisme obsessionnel.

Les manifestations de ce militantisme actif se font sentir à de nombreux niveaux de la vie quotidienne. L'école est devenue le lieu d'une radicalisation des pratiques religieuses (*ramadan, interdits alimentaires*) et d'une remise en question de l'enseignement de certaines matières (*histoire, sciences naturelles, mixité dans le sport*). Dans les cités, les jeunes filles subissent des pressions constantes pour porter le voile et l'on constate une dégradation du statut des femmes vivant à l'européenne, qui sont régulièrement victimes d'injures et de violence.

Le milieu hospitalier est de plus en plus fréquemment le théâtre de revendications et de comportements nouveaux : couloirs transformés en lieux de prière, internes voilées, psychiatre étranger consultant, dans le sud de la France, avec le Coran sur la table, etc.

Certains soignants s'absentent régulièrement pour aller prier, réclament de porter le voile, s'interdisent de travailler avec un collègue de l'autre sexe dans l'intimité d'une chambre, etc.

Sous la pression de maris intégristes, les femmes demandent à être auscultées par des personnels féminins et refusent la consultation avec les hommes, y compris aux urgences ; certaines vont même jusqu'à accoucher en burqa. Un chef de clinique a été agressé au couteau par un homme d'origine africaine déchaîné à l'idée qu'un médecin touche sa femme.

Le phénomène s'observe jusque dans le milieu carcéral. Sous couvert de religion, certains détenus musulmans refusent toute autorité de la part du personnel féminin de l'administration pénitentiaire. Près d'une centaine de détenus, notamment les condamnés pour terrorisme, disséminés dans plusieurs prisons différentes, alimentent la contestation. Selon les RG, la promiscuité entre jeunes détenus de droit commun et islamistes convaincus se livrant au prosélytisme constitue une bombe à retardement car elle renforce la collusion entre le monde du crime et les islamistes.

La laïcité

Selon Tariq Ramadan, dont les avis sont très écoutés dans la communauté musulmane, un croyant doit respecter les lois de son pays d'accueil tant que ce cadre ne s'oppose pas à un principe islamique. Dans une de ses discours, il insiste : *"Tout ce qui dans la culture dans laquelle nous vivons ne s'oppose pas à l'islam, on peut le prendre*". Ce qui exclut le reste. Il est également très clair sur le fait que "*les Musulmans doivent militer pour faire évoluer la laïcité de façon à ce qu'elle coïncide avec leur vision fondamentaliste et politique de l'islam*".

Or, en France, depuis 1905, les lois de la République sont supérieures aux pratiques culturelles et religieuses. La laïcité ne signifie pas le déni de la religion. La loi républicaine permet à la religion de demeurer dans la sphère privée, rendant ainsi possible la cohabitation pacifique et harmonieuse des différents cultes et offrant la possibilité de croire ou de ne pas croire. Elle assure la paix religieuse et la liberté de culte dans les limites de la loi.

L'affaire du voile à l'école en a été l'illustration. Elle a culminé en décembre 2003, au moment de la remise du rapport de la Commission de réflexion sur l'application du principe de laïcité dans la République, présidée par Bernard Stasi. Face à cette progression significative de l'islam radical et au discours anti-républicain qu'il véhicule, le ministère de l'Intérieur a accru sa surveillance des milieux fondamentalistes et les autorités ont été amenées à réagir devant des actes et des comportements qui sont en contravention totale avec nos lois.

Début décembre 2003, à Fontenay-aux-Roses et à Antony (Hauts-de-Seine), deux associations musulmanes s'occupant d'enfants en bas âge ont été fermées en raison de leur proximité avec les milieux islamistes. Des cours d'arabe et de Coran étaient dispensés à des enfants de 4 à 6 ans par des prédicateurs notoirement salafistes. En janvier 2004, il en a été de même à Argenteuil (Val d'Oise). Mais surtout, plusieurs imams ont été pris en flagrant délit de diatribe anti-occidentale en régions parisienne et lyonnaise.

En réaction, depuis le début de l'année 2004, sept prédicateurs radicaux ont été l'objet d'arrêtés d'expulsion:

- deux imams turcs appartenant au mouvement extrémiste Kaplan, ont été expulsés le 6 janvier pour «*propos antisémites et anti-occidentaux*»

- Abdelkader Yahia Cherif, Algérien de 35 ans prêchant à Brest, a été expulsé le 14 avril 2004 en raison de son «*prosélytisme en faveur d'un islam radical*» et de ses «*relations actives avec la mouvance islamiste prônant des actes terroristes*»

- Chellali Benchellali, père d'un des détenus français libéré de Guantanamo arrêté en Afghanistan, a été mis en examen, écroué et est en attente d'expulsion pour «*association de malfaiteurs en relation avec une entreprise terroriste*»

- Abdelkader Bouziane, l'imam de Vénissieux a été expulsé le 20 avril 2004 pour «*complicité d'apologie de crime et provocation directe non suivie d'effet à porter atteinte à l'intégrité d'une personne*» il a également défendu la polygamie dans une interview à un quotidien lyonnais. Mais il a pu revenir en France suite à l'action de son avocat. Il est considéré par les RG comme le chef spirituel des groupes salafistes en France

- Ali Yashar, irakien, imam de la mosquée d'Argenteuil, est considéré par les RG comme l'un des principaux propagandistes de la doctrine salafiste en Ile de France. Ecroué depuis le 10 mai 2004, il est en attente d'expulsion

- Midhat Güler, responsable du mouvement extrémiste turc Kaplan en France, a été expulsé le 19 mai 2004 pour «*incitation à la haine de l'Occident dans les sermons et glorification du djihad*».

Mais les autorités, dans un souci légitime d'évitement des tensions intercommunautaires, font généralement preuve d'une retenue étonnante dans l'application des lois républicaines. Selon un fonctionnaire de la préfecture de police, "*il y a un fossé entre la loi et la gestion des situations au quotidien (...) il est difficile de demander à une femme d'enlever son voile lors d'un contrôle d'identité*".

Pourtant, nos voisins belges, dont les lois antiterroristes sont moins abouties que les nôtres, n'ont pas hésité à imposer la nécessité de faire voir son visage lors de contrôles d'identité. Jean Chabrol, le directeur départemental de la Sécurité publique des Yvelines, craint "*qu'un fonctionnaire de police refusant de prendre la plainte d'une femme voilée ne soit pas soutenu par la hiérarchie*".

Un cas est particulièrement symptomatique: celui d'une jeune femme originaire d'Afrique du Nord, gardien de la paix au 2e district de la division de l'ordre public et de la circulation de la préfecture de police de Paris. Le 25 août 2004, elle refuse, pour des raisons religieuses, d'enlever le voile qu'elle porte sous sa casquette. Le lendemain, pour les mêmes motifs, elle ne veut plus serrer les mains de ses collègues masculins et refuse également de porter bâton et menottes. Cette affaire est remontée jusqu'au préfet de police de Paris, là où une simple sanction disciplinaire du chef de service aurait suffi pour tout autre fonctionnaire.

La sociologie

Si la France compte plus de 5 millions de Musulmans, l'immense majorité d'entre eux sont des citoyens paisibles. La proportion d'islamistes radicaux ne représente que 5 à 10% de cette communauté, soit 300 000 à 500 000 personnes (0,5% à 1% de la population totale).

Mais leur activisme est intense. La ghettoïsation des banlieues et la montée en puissance de l'islam intégriste dans les quartiers sensibles, essentiellement peuplés de populations immigrées, sont symptomatiques du malaise profond des communautés musulmanes de France, tout particulièrement des jeunes hommes de la troisième génération de l'immigration, en échec d'intégration. Nous sommes ainsi confrontés à un problème sociologique profond au carrefour de quatre problématiques : celle de la jeunesse, celle des banlieues, celle de l'intégration des immigrés et celle de l'islam.

La troisième génération

La première génération, arrivée au cours des années 1960 (les grands-pères), venait en France chercher du travail, sans objectif prémédité de s'installer durablement en métropole. Certains s'y implantèrent finalement. Dès lors, la finalité pour la seconde génération (les pères) était l'intégration complète dans la société française. Ils n'ont donc pas cherché à transmettre à leurs enfants le patrimoine culturel de leur pays d'origine - au-delà d'une tradition familiale - se voulant désormais citoyens français. Soucieux de s'intégrer dans la nation, ils ont élevé leurs enfants dans une logique française.

Mais aujourd'hui, la troisième génération constate l'échec relatif de la tentative d'intégration de la précédente, tout en n'ayant elle-même que très peu de perspectives. Ils reprochent à leurs parents et à leurs grands-parents de s'être trompés quant à leurs chances de réussite en France. Aussi, ces « fils » se retournent-ils vers leur autre culture grâce à laquelle ils espèrent retrouver une identité qui ne leur semble pas possible d'acquérir en France. Mais ils n'ont aucune notion réelle de cet héritage patrimonial car ni leurs pères ni leurs grands-pères n'ont jugé utile de le leur transmettre.

Ils sont donc doublement déphasés. Il y a ainsi un phénomène de rupture entre les générations d'immigrés, les jeunes se sentant doublement floués de n'être pas intégrés dans la société française et de n'avoir pas reçu l'héritage culturel du pays d'origine de leurs ascendants. Une partie importante d'entre eux se replie, avec beaucoup de passion et d'excès, sur les valeurs islamiques, perçues comme un retour aux sources. Cela explique en partie que les plus virulents d'entre eux, dans cette quête de leur identité d'origine, adoptent des comportements religieux bien plus intégristes que ceux de leurs parents.

Par ailleurs - et dans la même logique - derrière la volonté d'imposer le port du foulard aux femmes, s'exprime un phénomène de réappropriation de la virilité des jeunes d'origine nord-africaine. En effet, leurs sœurs et leurs femmes s'intègrent beaucoup mieux qu'eux dans la société française : par le biais des études supérieures qu'elles réussissent, par le biais de mariages mixtes, par l'adoption d'une féminité occidentale, etc. Les jeunes hommes qui n'arrivent pas à ce résultat souhaitent notamment remettre les femmes "à leur place" et prendre une revanche ; d'où le rôle emblématique du foulard et l'écho que reçoivent les prêches intégristes sur le rôle de la femme dans la société islamique.

A travers l'adhésion à l'islam radical - jusque dans ses manifestations djihadistes - il y a aussi une forme de romantisme révolutionnaire. Quelle que soit la raison de leur non-intégration, les jeunes des banlieues sont assoiffés d'aventure virile comme on peut logiquement l'être à la sortie de l'adolescence. Une partie des activistes parvenus jusqu'en Afghanistan, répond à ce type de logique.

A l'origine, jusqu'au 11 septembre 2001, l'islam et le djihad n'étaient pas en contravention avec les lois françaises. Certains jeunes partaient s'entraîner puis se battre contre les Soviétiques en Afghanistan, c'est-à-dire contre l'ennemi de l'Occident, soutenus par les Etats-Unis. Puis les conflits en ex-Yougoslavie et en Tchétchénie ont été de nouveaux « terrains de jeux ». Pour beaucoup, le recrutement par les imams était le début de l'aventure : on leur remettait de faux papiers, de l'argent liquide, des ordres et des courriers à transmettre. Ils partaient à Londres rencontrer d'autres Musulmans et avaient parfois des contacts clandestins. C'était la grande aventure, comme beaucoup de jeunes gens rêvent de la vivre.

Il faut considérer à ce titre que la suppression du service militaire a eu un effet négatif. Par le passé, nombre de jeunes Français près de sombrer dans la délinquance ont trouvé les valeurs qui leur manquaient après un séjour exigeant sous les drapeaux, dans un régiment parachutiste ou d'infanterie de marine. Les jeunes des banlieues d'aujourd'hui s'inscrivent pleinement dans un tel phénomène.

Enfin, il y a l'impact du décalage entre les rêves des jeunes et la réalité, conséquence directe de la facilité dans laquelle les nouvelles générations ont été élevées. Si l'on excepte le sport et les médias, qui peuvent permettre aux plus doués de connaître une réussite fulgurante en quelques années, force est de constater qu'il y a un fossé énorme entre ce dont ces jeunes rêvent et ce qu'ils peuvent effectivement réaliser. Le travail n'est pas pour eux une valeur, d'autant que leur absence de diplôme les conduira vers des postes sans attrait, faiblement rémunérés. Ce n'est donc pas en travaillant qu'ils réaliseront leurs rêves.

La délinquance, puis la criminalité sous toutes ses formes, sont des activités plus prometteuses à leurs yeux. Cette « entrée » dans l'illégalité n'est guère combattue par les parents qui n'ont sur leurs fils qu'une influence limitée, en raison du divorce intra-générationnel évoqué plus haut. Il y a donc une alliance objective - quoique non systématique - entre les délinquants et les « barbus » pour faire des banlieues sensibles des zones de non-droit dans lesquelles la police ait le plus grand mal à pénétrer. A l'écart de l'ordre républicain, l'islamisme radical et la criminalité peuvent ainsi se développer et donner naissance à de véritables réseaux terroristes.

L'Islam Terroriste

De tous les pays occidentaux, c'est la France qui a été, le plus tôt, confrontée au terrorisme islamique, sur son sol comme à l'étranger.

Depuis plus d'un quart de siècle, ses services de police et de renseignement travaillent sur cette menace que Paris a été le premier à dénoncer comme le danger majeur du XXIe siècle, sans être suivi, au début, par ses alliés.

La confrontation de la France avec le terrorisme islamique a revêtu trois visages successifs et différents :
- les actions terroristes chiites impulsées par l'imam Khomeiny au cours des années 1980, manifestation du terrorisme d'Etat iranien
- les attentats de réseaux algériens, en prolongation du conflit ensanglantant leur pays, au cours des années 1990. Ces actes ont illustré une nouvelle collusion entre le terrorisme et le grand banditisme (réseau Khaled Khelkal notamment)
- les réseaux liés à la nouvelle dynamique Ben Laden, à partir des années 2000, dont certains sont solidement implantés au cœur de notre société, dans nos villes et dans nos banlieues.

Si au cours de la décennie 1980, le terrorisme islamique était exogène, au cours des années 1990 et 2000, les nouveaux réseaux djihadistes implantés sur notre territoire n'ont cessé de prendre de l'ampleur. Depuis 15 ans, les connexions entre les banlieues, le terrorisme international, la criminalité et l'islam radical n'ont fait que se renforcer. Ce phénomène trouve son aboutissement avec la présence de ressortissants français dans les camps d'entraînement taliban en Bosnie et aux côtés d'Al-Qaeda, au Maroc, en Australie, en Tchétchénie et, plus récemment, en Irak.

La cause terroriste

La lutte contre le terrorisme islamiste, consécutive aux attentats du 11 septembre 2001 et à la campagne d'Afghanistan, a révélé l'existence de filières de recrutement djihadistes sur notre territoire, à Paris comme en province. Certes, le phénomène n'est pas nouveau. Le coup de filet commun des RG et de la DST dans les milieux islamistes proches du GIA, en 1993, avait donné lieu à 105 interpellations et à de nombreuses condamnations.

Un an plus tard, la police découvrait qu'une partie des activistes du réseau ayant perpétré les attentats de Marrakech en 1994 avaient suivi un entraînement militaire en Asie centrale. Combien de jeunes des banlieues ont-ils séjourné dans les camps du djihad ? Quelles sont leurs motivations ? Que sont-ils devenus ? Les questions ne manquent pas. Il est essentiel de comprendre le processus qu'est susceptible de suivre un jeune Français épousant la cause islamiste.

La majorité des jeunes de nos banlieues n'accueille pas toujours les imams prédicateurs à bras ouverts, car ceux-ci prêchent des attitudes contraires à leur mode de vie (femmes, voitures, argent, voire alcool et trafics). Les « barbus sectaires » touchent surtout les plus fragiles psychologiquement, ceux qui recherchent un idéal ou une structure de pensée les rassurant.

La population « travaillée » par les « prêcheurs de haine » n'est pas homogène ; elle se compose d'individus de différentes origines : des Français d'origine nord-africaine (beurs), des jeunes issus de couples mixtes, des Français de souche, convertis à l'islam - qui sont parfois les plus exaltés - des Antillais et des ressortissants nord-africains - algériens notamment - vivant ou séjournant dans nos banlieues.

L'effet de la prédication sur ces jeunes entraîne des transformations fondamentales qui les conduisent à une adhésion intégrale à la religion du Prophète et à ses valeurs les plus intégristes, puis à une fuite en avant vers le prosélytisme, la lutte et le terrorisme. Tel a été le cas d'Hervé « Djamel » Loiseau, retrouvé mort dans les montagnes afghanes. Mais le plus souvent le jeune qui s'engage dans le djihad ne connaît en fait pas grand-chose à l'islam, si ce n'est les quelques versets que citent aussi les pourfendeurs de la religion du Prophète, pour dénoncer le caractère belliciste de cette religion.

Il importe également de comprendre que la double rhétorique "islam + combat" a un réel pouvoir d'attraction chez une certaine frange des jeunes de banlieue, en mal d'intégration ou en manque de repères. Cela apparaît comme une perspective exaltante qui leur permet de sortir de leurs "zones", de s'ouvrir l'horizon et de partir à l'aventure. Dans un prêche qui circulait en 2002 dans certaines mosquées, le prédicateur comparait la lutte armée à un loisir. « Partir au djihad, c'est bien mieux que des vacances à Los Angeles. C'est l'aventure.

Vous êtes nourris, blanchis, vous découvrez de somptueux paysages et en plus vous aidez vos frères». La propagande est ainsi faite que les jeunes volontaires ont réellement le sentiment de s'en aller lutter, les armes à la main, pour le bien et contre le mal, à l'autre bout du monde. Cette vision romantique du djihad est bien loin de la réalité qu'ils vont rencontrer, car "le djihad n'a rien d'une rébellion généreuse (...) Tous ceux qui empruntent son chemin finissent derrière les barreaux... dans le meilleur des cas.

Une telle démarche de "départ" pour un musulman n'a rien d'exceptionnel. C'est la darwâ, c'est-à-dire le devoir de prêche et d'extension de la religion. Bien sûr, tout croyant ne le fait pas. Mais, le départ en darwâ ne signifie pas l'intégration dans un groupuscule terroriste : il y a des étapes et des filtres. C'est le mouvement Tabligh qui a longtemps assuré l'essentiel du recrutement des futurs djihadistes. Le Tabligh n'est pas un mouvement terroriste, mais il prépare le terreau où peut se développer la violence. En effet, "La conversion à l'islam d'individus fragiles comporte indubitablement un risque de dérive terroriste".

Souvent, comme pour les cadeaux, tout est une question d'emballage. Les papiers cadeaux sont, selon les designers qui les ont conçus, plus ou moins jolis. Et là – il s'agit du Journal du Dimanche – l'emballage a été soigné pour que l'apparence soit pleine de charme. Mais à l'intérieur, c'est tout sauf un cadeau...

À la "une" du journal, ce titre : "Musulmans de France, l'enquête qui surprend". Et on se précipite – une surprise, c'est toujours alléchant – pour voir. L'enquête, fouillée et minutieuse, a été réalisée par l'Ifop pour l'Institut Montaigne.

Et, dans un premier élan, on se laisse emballer par l'emballage. Les chiffres qui sont mis en évidence dégagent le parfum doux et apaisant des roses de nos jardins. La mixité ? "Acceptez-vous d'aller dans une piscine mixte ?" Réponse : 75% de oui chez les hommes, 56% chez les femmes. C'est bien, non ? "Êtes-vous favorable au port du voile intégral ?" Réponse : 65% de non chez les hommes, 61% chez les femmes. C'est pas mal aussi, non ?

Mais nous vient la tentation – diabolique, pour ne pas dire islamophobe – de déchirer l'emballage pour savourer en toute impudicité ce qu'il y a à l'intérieur. Les mêmes chiffres cités plus haut disent en creux que 25% des hommes et 39% des femmes refusent d'aller dans une piscine mixte ! C'est moins bien, non ? Ils disent aussi, ces chiffres, que 20% des hommes et 39% des femmes plébiscitent le voile intégral ! Ça aussi, c'est moins bien, non ?

On continue ? Oui, et ça va être encore mieux. 29% des musulmans et des musulmanes interrogés déclarent que la charia est plus importante que la loi de la République ! Oui, 29%, c'est-à-dire un tiers de la population qui se déclare musulmane… Ce chiffre n'est pas inquiétant : il est effroyable. Et pour rajouter à cette déclaration de guerre à la France, il est précisé dans l'enquête que cette passion dévorante pour un islam rigoriste, fondamentaliste, est surreprésentée chez les jeunes musulmans : 50% des moins de 25 ans la prône avec ferveur !

Désolé d'avoir enlevé le voile (sans jeu de mots) dont est affublée cette enquête… Désolé aussi de dire qu'hélas, il n'y a rien, strictement rien, de surprenant dans ce sondage. Nous savons tous, et depuis longtemps, ce qu'il en est de l'islam en France. On le subodorait : les chiffres, nus et cruels, le démontrent. Tant pis pour les tenants obtus et aveugles du "pas d'amalgame", de la religion de paix et d'amour.

Il est vrai que l'expert de l'Institut Montaigne qui commente ces résultats accablants tente de les relativiser avec un nouveau concept. Pour lui, il faut juste y voir la conséquence d'un souffle de révolte qu'il nomme "islamic pride". Un peu comme la "gay pride" qui a permis aux homosexuels de se montrer et de s'affirmer. Ne nous arrêtons pas en si bon chemin. Verrons-nous un jour une "catholic pride", une "jew pride", une "french pride" ? Et pourquoi pas une "corsica pride" ? Ah ! Mais ça, c'est déjà fait.

La Haine contre la France

Salafia est un terme arabe qui signifie «les pieux prédécesseurs». Ce mouvement enjoint les musulmans à se référer aux compagnons du Prophète Mohammed. Seuls, ou presque, le Coran et les Hadiths (les «dits» du Prophète) font loi. Le wahhabisme, né à partir de la fin du XVIIIe siècle, a structuré le salafisme contemporain vu comme un « réveil » musulman. Mais l'on peut en faire remonter les origines à Ibn Taymiyya au XIVe siècle de notre ère, à une époque où le Moyen-Orient est «cerné» par les Mongols et les Croisés.

On estime les salafistes au nombre de 15000 à 20000 personnes en France. Il s'agit de Français ou de convertis. Ils ne cherchent pas du tout à être reconnus dans la société, à la différence des Frères musulmans et d'un Tariq Ramadan qui prônaient l'action politique pour lutter contre ce qu'ils percevaient comme un rejet des musulmans. Les salafistes quiétistes, les plus nombreux, sont dans une quête de sens et de religiosité. Ils recherchent un idéal de pureté et font de la prédication.

Cela séduit les personnes en rupture avec la société, dans les territoires relégués, mais aussi parmi les classes moyennes, notamment des jeunes gens, filles ou garçons, qui sont en révolte contre leurs parents. Concernant la mouvance «djihadiste qui ne représente qu'une minorité des salafistes, c'est aussi le besoin d' « aventure» et «d'héroïsme». Leur slogan pourrait être «Faites la guerre, pas l'amour !» Ils sont contre les valeurs libérales. Ils rejettent tout le monde et à leurs yeux, le musulman impur est encore pire qu'un chrétien ou un juif.

Les Frères musulmans exerçaient une pression et détenaient une sorte de magistère. Ils avaient tendance à prendre de haut ceux qui ne parlaient pas arabe. De plus, des directives pouvaient venir de l'extérieur. Les salafistes, même s'ils travaillent avec des intermédiaires parfois formés à Médine, en Arabie Saoudite, sont libres de se constituer en communautés ou en cellules. Il y a, dans ce mouvement, un côté étonnamment moderne.

Au contraire de l'islamisme, le salafisme n'est donc ni un mouvement religieux à revendication politique, ni une organisation à proprement parler, plutôt une tendance de «régénération» de la foi et de réislamisation de la société. Un salafiste peut être considéré comme un musulman «ultra-orthodoxe».

Le salafisme prône :

•	*le retour à l'islam des origines par l'imitation de la vie du Prophète, de ses compagnons et des deux générations suivantes ;*

•	*le respect aveugle de la sunna (tradition islamique, comprenant le Coran, les hadiths et la sira).*

•	*toute interprétation théologique, en particulier par l'usage de la raison humaine, accusée d'éloigner le fidèle du message divin ;*

•	*toute piété populaire ou superstition, comme le culte des saints, jugé contraire à l'unicité de Dieu (tawhîd) ;*

•	*toute influence occidentale, comme le mode de vie et la société de consommation, mais également la démocratie et la laïcité.*

En France, dans les années 1980, les salafistes ont d'abord été assimilés à des fondamentalistes ou des traditionnalistes. Les années 1990 et la guerre civile algérienne ont donné une tribune aux prédicateurs salafistes dans les banlieues françaises, qui acquièrent une nouvelle visibilité grâce à l'Internet. Plus récemment, de jeunes convertis et d'autres issus de l'immigration ayant tenté la hijra (l'installation en Arabie saoudite) en sont revenus déçus. Se concevant comme un groupe social communautaire «puriste», confortés par l'émergence des salafistes tunisiens et égyptiens lors des «printemps arabes», ils contestent davantage l'influence des Frères musulmans.

Aujourd'hui, le salafisme se décline en trois courants principaux :

- *Le salafisme « cheikhite » ou quiétiste, inspiré par le wahhabisme et les cheikhs implantés en Arabie saoudite, en Jordanie ou au Yémen, peut être considéré comme le plus littéraliste et le plus largement majoritaire à travers le monde. Uniquement préoccupé de vivre en symbiose avec les prescriptions coraniques, celui qui adopte cette forme de salafisme « de prédication » professe un certain mépris pour la vie sociale et politique et les courants engagés en politique, tels les Frères musulmans.*

- *Al Sahwa al Islamiya («le Réveil islamique»), une tendance directement inspirée d'un courant plus politique, conduite en 1991 par les deux cheikhs wahhabites Salman Al Awda et Safar Al Hawali contre feu le roi Fahd après la première guerre du Golfe. Il trouve son origine dans la vive protestation d'une partie des oulémas contre l'entrée de l'armee américaine en Arabie séoudite.*

- *Le salafisme « jihadiste » suit, lui, une ligne révolutionnaire : il constitue la base intellectuelle du terrorisme et des opérations suicide, encourageant des actions violentes contre les Occidentaux. Inspiré par l'expérience du Frère musulman égyptien Sayyed Qotb ou du Jordanien Abou Mohamed Al Maqdissi, il statue que tout musulman a l'obligation, où qu'il soit, de porter le fer contre ceux, musulmans ou non, qui oppriment les « musulmans pieux ».*

Né au cours de la guerre contre les Soviétiques en Afghanistan durant les années 1980, ce courant est le fruit de la rencontre entre la doctrine traditionnaliste saoudienne et la stratégie de prise de pouvoir des Frères musulmans. C'est sur ce terrain mythique témoin de la victoire des moudjahidin contre la puissante URSS, que la plupart des liens se sont créés entre les futurs terroristes islamistes de la planète, depuis la Jamaah islamiya indonésienne jusqu'au GICM (Groupe islamiste combattant marocain).

Dès lors, les salafistes djihadistes se prononcent pour le combat armé destiné à libérer les pays musulmans des occupations étrangères et des régimes jugés impies. Ils fustigent à la fois les islamistes pour leur manque de piété et les autres courants salafistes pour leur « hypocrisie » face aux États occidentaux.

Ce djihadiste est celui mené par Al Qaïda et développé par Al Zawahiri et Abou Mossab, qui portent la lutte à l'échelle mondiale tandis que d'autres privilégient d'abord le combat dans un cadre national (*Tchétchénie, Irak, Palestine, Algérie*). La dimension meurtrière de ce jihad est favorisée par la diffusion d'images sur vidéocassettes, CD-Rom et sur l'Internet, et culmine dans la seconde moitié des années 1990 jusqu'aux attentats du 11 septembre 2001, de Bali (2002), de Madrid (2004) et de Londres (2005). Son action est néanmoins battue en brèche dès le lendemain des attentats de New York.

L'intervention de l'OTAN en Afghanistan, l'interdiction progressive de toutes les cellules de soutien telles celles de certaines ONG et le volontarisme de tous les États auparavant rétifs à s'attaquer aux bases arrières du terrorisme (Royaume-Uni, Malaisie, Afrique de l'Est) ont considérablement limité le champ d'action du terrorisme djihadiste, même si le Pakistan et l'Afghanistan restent les maillons faibles du dispositif en offrant l'asile aux derniers combattants.

Les États musulmans eux-mêmes alternent les politiques de répression avec celles du «rachat», permettant aux anciens djihadistes de s'amender. Ainsi l'amnistie des repentis en Algérie a-t-elle peut-être permis l'arrêt de la guerre civile en 1997. La politique plus subtile des autorités égyptiennes qui ont négocié dès 1997, avec les membres de la Gamaa islamiyya, en est un autre exemple. Toutefois, les flux continus des djihadistes en Irak et la permanence des bases salafistes, bien que majoritairement quiétistes, prouvent que le terreau du djihadiste demeure vivace.

On assiste depuis 2011 à l'effacement spectaculaire d'Al Qaïda, dont la mort du chef Osama Ben Laden, en mai 2011, a constitué le point d'orgue. Les mouvements religieux, tant islamistes que salafistes, n'ont pas participé au déclenchement des soulèvements populaires dans le monde arabe et les tentatives de récupération ont plutôt consacré la montée des islamistes «politiques», tels Annahda en Tunisie et les Frères musulmans en Égypte.

Il n'en reste pas moins que cette petite minorité de salafistes fait une lecture «révolutionnaire» de l'islam, qui rendrait légitime l'usage de la violence. Ils se voient comme des combattants pour une cause « juste»: l'instauration d'un État islamique qui préfigurera l'avènement de la justice de Dieu sur terre.

En France

La France constitue un véritable pôle de l'organisation en Europe. Les salafistes européens, âgés de 18 à 35 ans environ, sont un phénomène nouveau. Les salafistes sont estimés entre 20.000 et 30.000, dont un quart à un tiers de convertis issus de milieux catholiques ou protestants (*Français « de souche métropolitaine », Antillais, Congolais, Zaïrois…*). Ces derniers, désirant «compenser» une vie jusque lors éloignée de l'islam, sont souvent les plus radicaux.

Les salafistes «quiétistes» sont légalistes et se soumettent au système législatif européen, même si une loi contrevient à un principe religieux ; c'est le cas pour le voile des femmes, que les « quiétistes» ont appelé à ne pas porter si la loi l'exigeait. De la même façon, ils ont condamné toute forme de violence politique et d'actions terroristes après les attentats du 11 septembre, certains conseillant même aux musulmans occidentaux à collaborer avec les services de sécurité pour dénoncer une personne ou une organisation prônant la violence…

C'est le changement de stratégie de la France, qui a décidé en août 2014 de rejoindre la coalition internationale, qui explique le changement de stratégie de l'EI, qui est passé depuis plus d'un an à une stratégie de djihad global, comparable à ce que faisait Al-Qaïda, et non plus à une stratégie de gain territorial et militaire.

Abou Mohammed al-Adnani, le porte-parole officiel de Daesh, a encouragé les djihadistes à travers le monde à tuer tous les ressortissants des pays membres de cette coalition. La France est l'incarnation d'un projet universaliste rejeté par Daesh et que c'est aussi le pays colonisateur qui en a le plus renié les valeurs dans ses pratiques coloniales, notamment en Algérie.

Mais alors, pourquoi la France est-elle plus touchée que le Royaume-Uni, par exemple, qui est également membre de la coalition et qui a un passé colonial tout aussi chargé et peu glorieux ? Car celui de la France était principalement concentré au Maghreb, or les Maghrébins sont nombreux dans les rangs de l'EI.

La France est aussi le pays d'Europe qui compte le plus grand nombre de ressortissants au sein de l'EI. Au sein de l'EI, tous les combattants francophones combattent ensemble – Français, Belges, Maghrébins – et fournissent potentiellement beaucoup plus de volontaires que les anglophones par exemple. Sans compter que la France est aussi bien plus facile d'accès que les Etats-Unis ou le Royaume-Uni car sur le continent européen.

Mais au-delà de l'histoire géopolitique de la France, une raison idéologico-religieuse est à mettre dans la balance: l'unité de la France a été obtenue grâce à l'exclusion de la religion, considérée comme source de conflits, alors que dans les autres pays, cela s'est fait plus en douceur.

La France a plus de mal que les autres à trouver son identité et à assumer son passé chrétien. Être français ne peut se résumer à une adhésion aux principes républicains. Cette fragilité est très bien perçue par ceux qui veulent nous détruire. Les débats sur la laïcité ou encore la loi sur le voile n'ont rien arrangé. La stratégie de Daesh est donc de prouver que l'idéologie que porte le principe de laïcité en France n'est pas tenable.

L'État islamique essaie de faire en France ce qu'il a parfaitement réussi en Irak, en multipliant les violences envers certaines communautés, à savoir finir par convaincre les différentes communautés qu'elles ne pouvaient plus vivre ensemble.

Le chiffre

Neuf-cent trente personnes venant de France sont actuellement impliquées dans le djihad en Irak et en Syrie annonce le ministre de l'Intérieur, Bernard Cazeneuve. Selon le ministre, «*350 sont sur place, dont 60 femmes. Environ 180 sont repartis de Syrie et 170 sont en transit vers la zone*». *230 ont exprimé des velléités de départ. À ce total de 930 s'ajoutent 36 personnes décédées là-bas*», a-t-il précisé.

Concernant les départs évités ces derniers mois à la suite de la mise en place de la plate-forme de signalement depuis le printemps, Bernard Cazeneuve a indiqué que «*au moins 70 départs*» ont pu être évités sur «*350 signalements, dont 80 mineurs et 150 femmes*».

La guerre secrète de la France

Depuis 2012, les puissances occidentales et du Golfe conduisent une entreprise de déstabilisation de la Syrie. Plusieurs milliers de mercenaires se sont infiltrés dans le pays. Recrutés par des officines de l'Arabie saoudite et du Qatar au sein des milieux extrémistes sunnites, ils sont venus renverser « *l'usurpateur alaouite* » Bachar el-Assad et imposer une dictature d'inspiration wahhabite.

Ils disposent du matériel militaire le plus sophistiqué, incluant des systèmes de vision nocturne, des centraux de communication, et des robots de combat urbain. Soutenus en sous main par les puissances de l'OTAN, ils ont en outre accès aux renseignements militaires indispensables, notamment des images satellites des déplacements des troupes syriennes, et des interceptions téléphoniques.

Cette opération est présentée mensongèrement au public occidental comme une révolution politique écrasée dans le sang par une dictature sans pitié. La Russie, la Chine et les États américains membres de l'ALBA le récusent. Chacun dispose en effet d'expériences historiques qui leur permettent de comprendre rapidement ce qui est en jeu. Les Russes pensent à la Tchétchénie, les Chinois au Xinkiang, et les Américains à Cuba et au Nicaragua. Dans tous ces cas, au-delà des apparences idéologiques ou religieuses, les méthodes de déstabilisation de la CIA étaient les mêmes.

Le plus étrange dans cette situation est d'observer les médias occidentaux s'auto-persuader que les salafistes, les wahhabites et les combattants de la mouvance Al-Qaïda sont épris de démocratie, alors que ces derniers ne cessent d'appeler sur les chaînes satellitaires saoudiennes et qataries à égorger les hérétiques alaouites et les observateurs de la Ligue arabe.

Peu importe qu'Abdelhakim Belhaj (*ex-numéro 2 d'Al Qaida et actuel gouverneur militaire de Tripoli, Libye*) soit venu personnellement installer ses hommes au Nord de la Syrie, et qu'Ayman Al-Zawahiri (*numéro 1 d'Al-Qaïda depuis la mort officielle d'Oussama ben Laden*) ait appelé au jihad en Syrie, la presse occidentale poursuit son rêve romantique de révolution libérale.

Le plus ridicule, c'est d'entendre les médias occidentaux répéter servilement les imputations quotidiennes de la branche syrienne des Frères musulmans diffusant des dépêches sur les crimes du régime et ses victimes, sous la signature de l'Observatoire syrien des Droits de l'homme. Et d'ailleurs, depuis quand cette confrérie de putschistes s'intéresse t-elle aux Droits de l'homme ?

Il aura suffi que les services secrets occidentaux mettent en scène un fantoche «Conseil national syrien», avec pour président un professeur de la Sorbonne et pour porte-parole la maîtresse de l'ancien patron de la DGSE, pour que des «terroristes» deviennent des «démocrates». En un tour de main, le mensonge est devenu vérité médiatique. Les personnes enlevées, mutilées et assassinées par la Légion wahhabite sont devenues dans la presse des victimes du tyran. Les conscrits de toutes confessions qui défendent leur pays face à l'agression sectaire sont devenus des soldats alaouites opprimant leur peuple. La déstabilisation de la Syrie par des étrangers est devenue un épisode du «Printemps arabe».

L'émir de Qatar et le roi d'Arabie saoudite, deux monarques absolus qui n'ont jamais organisé d'élections nationales dans leurs pays et embastillent les contestataires, sont devenus des chantres de la révolution et de la démocratie. La France, le Royaume-Uni et les États-Unis, qui viennent de tuer 160 000 Libyens en violation du mandat qu'ils avaient reçu du Conseil de sécurité, sont devenus des philanthropes responsables de la protection des populations civiles.

«La France s'occupe de fournir aux rebelles syriens de l'argent et de l'artillerie pour le compte des Etats-Unis, qui ne veulent pas se salir les mains avant les élections présidentielles de novembre », a déclaré le professeur états-unien William Engdahl à la chaîne de télévision Russia Today (RT).

D'après une source diplomatique citée par l'agence britannique Reuters, cette aide serait en train de parvenir, à cinq autorités locales de soi-disant «zones libérées» dans les provinces syriennes de Deïr al-Zor, d'Alep et d'Idlib.

Dans l'entretien qu'il a accordé à Russia Today, William Engdahl, auteur d'importantes analyses et recherches en matière de géopolitique, souligne que ce type d'actions ne peut qu'aggraver encore l'effusion de sang en Syrie.

« Je pense que la France est un « marchand de paix » très malhonnête dans tout ce processus. Je pense qu'elle agit, si l'on peut dire, en agent du Département d'Etat jusqu'à la fin des élections aux Etats-Unis. Obama n'a pas envie de s'embarquer dans ce qui serait un conflit direct très complexe en Syrie tant que les électeurs états-uniens ne se seront pas prononcés. Je pense que la France est en train de jouer le rôle de nervi et que l'idée de fournir de l'artillerie lourde à ces prétendues «zones-tampons» est une des choses les plus cyniques que l'on puisse imaginer. Cela va se traduire en guerre civile, en effusion de sang, cela va entraîner de tout sauf la paix. C'est donc une des décisions les plus dangereuses de tout l'engament de l'OTAN en Syrie en ces derniers 18 mois. »

Des journalistes qui se trouvent en Syrie rapportent depuis plusieurs mois que ce qu'on appelle «l'opposition» est souvent composé [de membres] d'Al-Qaeda ou de moudjahidines armés qu'on fait venir d'Arabie saoudite et d'autres endroits, qui décapitent des civils et attribuent ces atrocités au gouvernement. Pour avoir une idée de ce que signifierait le fait de reconnaître un gouvernement en exil ou de le fabriquer, il faudrait imaginer la Russie reconnaissant le Ku Klux Klan comme gouvernement des Etats-Unis en exil et lui fournissant de l'artillerie lourde pour qu'il puisse faire face à Washington ou quelque chose de ce genre. C'est simplement absurde.

Historiquement, les élites françaises, depuis l'époque de Napoléon, si l'on peut dire, ont toujours eu tendance, sur le plan géopolitique, à assumer des positions qui sont au-dessus de leurs possibilités. Et je pense que depuis Sarkozy et à partir du soutien militaire français à Sarkozy pour le retour à l'OTAN, [l'élite française] a toujours eu tendance, face à chaque décision majeure sur le plan international, à surestimer ses propres possibilités, avec des conséquences catastrophiques pour la France.

L'aventure syrienne dans laquelle le gouvernement Hollande-Fabius s'est embarqué risque de lui exploser en pleine figure… à la France, et même au monde, si ça devient une Troisième Guerre Mondiale à cause d'une erreur d'appréciation.

La Syrie accuse la France de soutenir les « terroristes » et d'entraver les efforts visant à arrêter les violences dans le pays. Un communiqué du ministère des Affaires étrangères à Damas en appelle à la communauté internationale pour évaluer le rôle de la France dans le conflit syrien. « *Le gouvernement français (…) continue de défier le droit international de manière flagrante à travers le soutien qu'il apporte aux groupes terroristes armés en Syrie* », dénonce le communiqué du ministère syrien des Affaires étrangères. Une charge violente contre la France, qui, de fait, est l'un des pays occidentaux les plus critiques du régime de Bachar El-Assad.

Lors de la prise du bastion insurgé dans le quartier de Bab Amr, à Homs, l'armée syrienne a fait plus de 1 500 prisonniers, dont une majorité d'étrangers. Parmi ceux-ci, une douzaine de Français ont requis le statut de prisonnier de guerre en déclinant leur identité, leur grade et leur unité d'affectation. L'un d'entre eux est colonel du service de transmission de la DGSE.

En armant la Légion wahhabite et en lui fournissant des renseignements satellitaires, la France a conduit une guerre secrète contre l'armée syrienne, qui a fait plus de 3 000 morts dans les rangs, et plus de 1 500 morts parmi les civils, en dix mois de combats.

En l'absence d'obligation par des traités pertinents, la guerre secrète conduite par Sarkozy - Hollande et leur gouvernement est un acte sans précédent sous la Ve République. Elle viole l'article 35 de la Constitution et constitue un crime passible de la Haute Cour (article 68).

La Stratégie Sioniste

En commettant deux attaques (*assez banales selon les normes israéliennes*) ils ont semé la panique dans toute la France, jeté des millions de personnes dans les rues, réuni plus de 40 chefs d'États à Paris. Ils ont modifié le paysage de la capitale française et d'autres villes de France en mobilisant des milliers de militaires et de policiers pour protéger des cibles potentielles juives et autres. Pendant plusieurs jours ils ont dominé les informations du monde entier.

Pour d'autres terroristes islamiques potentiels d'Europe et d'Amérique, cela doit représenter un énorme succès. C'est une invitation pour des individus et des groupuscules à refaire la même chose, partout. Le terrorisme signifie répandre la peur. Les trois de Paris ont à coup sûr réussi à le faire. Ils ont terrorisé la population française. Et si trois jeunes sans aucune compétence peuvent faire cela, imaginez ce que pourraient faire 30, ou 300 !

Mais cette manifestation particulière fut aussi contre-productive. Non seulement elle a prouvé que le terrorisme est efficace, non seulement elle incite à des attaques similaires, mais elle porte aussi atteinte au vrai combat contre les fanatiques. Pour mener un combat efficace, on doit se mettre dans la peau des fanatiques pour tenter de comprendre la dynamique qui pousse de jeunes musulmans nés sur place à commettre de tels actes.

Nétanyahu est venu à Paris dans le cadre de sa campagne électorale. En vétéran chevronné, il savait que trois jours à Paris, avec la visite de synagogues et des discours de fierté juive, valaient plus que trois semaines à domicile, à polémiquer. Le sang des quatre Juifs assassinés dans le supermarché kascher n'était pas encore sec, que les dirigeants israéliens appelaient les Juifs de France à faire leurs bagages pour venir en Israël. Israël est, comme chacun sait, l'endroit le plus sûr au monde.

C'était là une réaction sioniste instinctive, presque automatique. Les Juifs sont en danger. Leur seul refuge sûr est Israël. Hâtez-vous de venir. Le jour suivant, les journaux israéliens annonçaient joyeusement qu'en 2015 plus de 10.000 Juifs français étaient près à venir vivre ici, poussés par un antisémitisme croissant. Apparemment, il y a beaucoup d'antisémitisme en France et dans les autres pays d'Europe, mais probablement beaucoup moins que d'islamophobie. Mais la lutte entre Juifs et Arabes sur le sol français à peu de rapports avec l'antisémitisme. C'est un combat importé d'Afrique du Nord.

Quand la guerre de libération algérienne éclata en 1954, les Juifs de là-bas durent choisir leur camp. Presque tous choisirent de soutenir la puissance coloniale, la France, contre le peuple algérien. Il y avait à cela des antécédents historiques. En 1870, le ministre français de la justice, Adolphe Crémieux, qui se trouvait être juif, accorda la citoyenneté française à tous les Juifs algériens, les mettant à part de leurs voisins musulmans.

Les Juifs locaux, fiers de leur citoyenneté française, apportèrent loyalement leur soutien aux colonialistes. À la fin, les Juifs jouèrent un rôle important dans l'OAS, le mouvement français extrémiste clandestin qui mena une lutte sanglante contre ceux qui combattaient pour la liberté. Il en résulta que tous les Juifs fuirent l'Algérie avec les Français lorsqu'arriva le jour du choix. Ils n'allèrent pas en Israël. Ils allèrent presque tous en France. (*À la différence des Juifs marocains et tunisiens, dont beaucoup vinrent en Israël. En général, les plus pauvres et les moins éduqués choisirent Israël, tandis que l'élite d'éducation française alla en France et au Canada.*)

Ce à quoi nous assistons maintenant est la poursuite de cette guerre sur le sol français entre Musulmans et Juifs algériens. Les Juifs "français" tués lors de l'attaque avaient tous les quatre des noms nord-africains et ils ont été enterrés en Israël.

Le gouvernement israélien a exercé de fortes pressions sur les quatre familles pour enterrer leurs fils ici. Elles voulaient les enterrer en France, près de chez eux. Après beaucoup de marchandage sur le prix des tombes, les familles ont fini par donner leur accord.

Antisémitisme et sionisme

Les deux termes – antisémitisme et sionisme – sont apparus à peu près en même temps, vers la fin du 19e siècle. Theodor Hertzl, le fondateur du mouvement sioniste, en a conçu l'idée lorsqu'il travaillait en France comme correspondant étranger d'un journal de Vienne pendant l'affaire Dreyfus, lorsqu'un antisémitisme virulent en France atteignit de nouveaux sommets.

(Antisémitisme, cela va de soi, n'est pas le mot qui convient. Les Arabes sont des sémites, eux aussi. Mais le mot est en général employé pour désigner seulement ceux qui ont la haine des Juifs.)

Plus tard, Herzl courtisa les dirigeants ouvertement antisémites de Russie et d'ailleurs, les appelant à l'aide et promettant de les délivrer des Juifs. C'est aussi ce qu'ont fait ses successeurs. En 1939, l'Irgoun clandestin projeta une invasion de la Palestine avec l'aide de généraux profondément antisémites de l'armée polonaise. On peut se demander si l'État d'Israël aurait pu voir le jour en 1948 s'il n'y avait pas eu l'Holocauste. Récemment, un million et demi de Juifs russes ont été poussés en Israël par l'antisémitisme.

Le sionisme est né à la fin du 19e siècle en réponse directe au défi de l'antisémitisme. Après la révolution française, la nouvelle idée nationale s'est emparée de toutes les nations européennes, grandes et petites, et les mouvements nationaux étaient dans leur ensemble plus ou moins anti-sémites.

La croyance fondamentale du sionisme est que les Juifs ne peuvent vivre nulle part ailleurs que dans un État juif, parce que la victoire de l'antisémitisme est partout inéluctable. Laissez les Juifs d'Amérique se réjouir de leur liberté et de leur prospérité – tôt ou tard cela aura une fin. Ils sont condamnés comme les Juifs de partout en dehors d'Israël.

La nouvelle atrocité de Paris ne fait que confirmer cette croyance fondamentale. Il y a eu très peu de commisération en Israël. Plutôt, un sentiment inavoué de triomphe. La réaction instinctive des Israéliens ordinaires est : *"On vous l'avait dit !"* et aussi : *"Venez vite, avant qu'il ne soit trop tard !"*

Le fait qu'Israël tire profit de l'attentat de Paris a conduit des médias arabes à penser que toute l'affaire n'est en réalité qu'une opération *"sous fausse bannière"* ("false flag" en anglais). Donc, dans le cas présent, les auteurs arabes étaient en réalité manipulés par le Mossad israélien.

Après un crime, la première question qui vient à l'esprit est "cui bono", à qui ça profite ? Il est évident que le seul à sortir vainqueur de cette atrocité est Israël. Mais en tirer la conclusion qu'Israël est derrière les Djihadistes est une pure absurdité.

Il est simplement de fait que l'ensemble du Djihadiste islamique sur le territoire européen ne nuit qu'aux Musulmans. Les fanatiques de toute espèce viennent généralement en aide à leurs pires ennemis. Les trois musulmans qui ont perpétré les atrocités de Paris ont certainement rendu un grand service à Benjamin Nétanyahu.

Benjamin Netanyahu a déclaré lors d'une visite à la résidence de l'ambassadeur de France Patrick Maisonnave :

« *Nous réaffirmons notre engagement à travailler ensemble pour vaincre les ennemis des valeurs démocratiques que nous chérissons tous. Nous devons lutter contre ces ennemis de notre civilisation commune. Ces terroristes qui ont abattu des journalistes à Paris ; ils décapitent les travailleurs humanitaires en Syrie ; ils enlèvent* écolières au Nigeria ; ils détruisent des églises en Irak ; ils égorgent les touristes à Bali ; ils tirent des roquettes sur des civils depuis Gaza, ils s'efforcent de construire des armes nucléaires en Iran. Ils peuvent avoir des noms différents : ISIS, Boko Haram, Hamas, al-Shabab, Al-Qaïda, ou Hezbollah. Mais tous sont entraînés par la même haine et le même fanatisme sanguinaire. Et chacun d'entre eux cherchent à détruire nos libertés et à nous imposer à tous une violente, la tyrannie médiévale. C'est une lutte mondiale. Et ce n'est que le début...

Cela doit être suivi par un assaut, dans le monde entier, contre les forces de l'Islam radical. C'est le combat de tout le monde. Les terroristes ont montré qu'ils ont la volonté de nous écraser, mais ils n'ont pas cette capacité. À présent, nous devons montrer que nous avons la volonté de les vaincre et de les écraser. C'est l'essence de la bataille que nous livrons : la liberté contre la barbarie. La liberté doit gagner, mais pour gagner, nous devons être ensemble et combattre ensemble. »

Les «Services»

Les six services spécialisés de renseignement forment la « communauté du renseignement». En application de l'article D. 1122-8-1 du code de la défense, les services spécialisés de renseignement, sont :
— la direction générale de la sécurité extérieure (DGSE)
— la direction de la protection et de la sécurité de la défense (DPSD)
— la direction du renseignement militaire (DRM)
— la direction générale de la sécurité intérieure (DGSI)
— le service à compétence nationale dénommé « direction nationale du renseignement et des enquêtes douanières » (DNRED)
— le service à compétence nationale dénommé «traitement du renseignement et action contre les circuits financiers clandestins » (Tracfin)

Leur mission s'exerce en France et à l'étranger et consiste en la recherche, la collecte, l'exploitation et la mise à disposition du Gouvernement des renseignements relatifs aux enjeux géopolitiques et stratégiques ainsi qu'aux menaces et aux risques susceptibles d'affecter la vie de la Nation. Par ailleurs, ces services contribuent à la connaissance et à l'anticipation de ces enjeux ainsi qu'à la prévention et à l'entrave de ces risques et menaces. En matière de prévention du terrorisme, les deux services les plus directement impliqués sont la DGSI et la DGSE.

La montée en puissance de la DGSI

En 2008 a été créée une direction centrale du renseignement intérieur – au sein de la direction générale de la police nationale (DGPN) – reprenant les effectifs et les compétences de la direction de la surveillance du territoire (DST) et d'une partie de la direction centrale des renseignements généraux (DCRG).

Le surplus des effectifs de cette dernière a été affecté à une sous-direction de l'information générale (SDIG), au sein de la direction centrale de la sécurité publique de la DGPN.

Cette organisation a généré des dysfonctionnements : défauts de coordination des deux structures, manque d'effectifs et de moyens de la SDIG et conception rigide de la séparation entre milieu «ouvert» et milieu fermé, le recueil d'information par la SDIG ne devant pas être clandestin.

La réforme engagée dès 2013 a conduit à ériger la DCRI en direction générale de la sécurité intérieure (DGSI), notamment pour lui permettre de disposer de plus de marges de manœuvre en matière de gestion des ressources humaines (pour recruter par contrat des traducteurs et des linguistes, des analystes en géopolitique, des juristes, des ingénieurs et des techniciens).

Parallèlement, le service central du renseignement territorial (SCRT), s'est substitué en 2014 à la sous-direction de l'information générale, au sein de la direction centrale de la sécurité publique de la direction générale de la police nationale.

La mission de «renseignement» de ce nouveau service est explicite et il travaille «en coordination» avec la gendarmerie nationale sur cette question, et non plus «en liaison». Dans les départements, le chef du service départemental du renseignement territorial est l'adjoint du directeur départemental de la sécurité publique, spécifiquement chargé du renseignement territorial. Il participe systématiquement aux réunions préfectorales dites «de police» où sont évoqués les dossiers en cours et les besoins locaux de coordination des services de police et de gendarmerie.

La DGSI, en application de l'article premier du décret du 30 avril 2014 ,est chargée, sur l'ensemble du territoire de la République, de rechercher, de centraliser et d'exploiter le renseignement intéressant la sécurité nationale ou les intérêts fondamentaux de la Nation. Son article 2 précise qu'au titre de ses missions, la direction générale de la sécurité intérieure «*concourt à la prévention et à la répression des actes de terrorisme ou portant atteinte à la sûreté de l'État, à l'intégrité du territoire ou à la permanence des institutions de la République*».

Très concrètement, c'est la DGSI qui à l'occasion des retours des zones de djihad, procède soit à l'interpellation des personnes pour lesquelles elle dispose d'éléments permettant de les « judiciariser», soit à des entretiens administratifs pour tenter de mieux cerner la personnalité des personnes concernées.

Depuis 2014, la DGSI a systématisé les entretiens administratifs avec les individus concernés par les filières syro-irakiennes. Au 15 janvier 2015, elle a procédé à :
— 144 entretiens avec des candidats dont les velléités de rejoindre la Syrie avaient été mises au jour par des investigations,
— 31 entretiens avec des individus revenus de zone.
Par ailleurs, la DGSI a réalisé 290 entretiens avec des « collatéraux» (parents, proches, amis) désireux de signaler un membre de leur entourage sur le départ ou déjà parvenu sur zone.

Au total, la DGSI a donc procédé à 465 entretiens administratifs en un an. La coopération avec les familles apparaît beaucoup plus fructueuse que les entretiens réalisés avec les personnes directement concernées, dont la détermination reste le plus souvent inchangée.

Dans un contexte budgétaire difficile, la DGSI s'est vu destinataire, en 2014, d'un programme de 432 recrutements sur cinq années et d'une dotation de 12 millions d'euros supplémentaires.
La coopération entre la DGSE et la DGSI n'a jamais été aussi forte et se caractérise par des échanges de personnels entre les deux

structures, comme l'a d'ailleurs souligné le ministre de l'Intérieur le 19 mai 2015. Il a ainsi précisé à la commission d'enquête qu'une équipe de la DGSE était désormais présente dans les locaux de la DGSI et que cette nouveauté, «inconcevable il y a peu », n'avait suscité aucune réserve de la part des services.

Le service central du renseignement territorial

Le service central du renseignement territorial (SCRT) a succédé en mai 2014 à la sous-direction de l'information générale (SDIG), au sein de la direction centrale de la sécurité publique de la police nationale.

Surtout, les missions de ce service sont plus précisément définies que celles de la SDIG. Dans une circulaire du 21 mars 2014, le ministre de l'Intérieur indique que « *les renseignements recherchés concernent tous les domaines de la vie institutionnelle, économique et sociale susceptibles d'entraîner des mouvements revendicatifs ou protestataires. Par leur implication dans la détection des phénomènes violents et la veille des quartiers sensibles, les services du renseignement territorial participent à la lutte contre la délinquance liée principalement à l'économie souterraine. Enfin, ils s'intéressent à tous les faits de société visant à remettre en cause les valeurs républicaines tels que les dérives sectaires, les phénomènes de repli communautaire et identitaire ainsi que la contestation politique violente. Ce champ de compétence induit des modes de fonctionnement qui feront appel à des méthodes de recherche opérationnelle ainsi qu'au développement du cyber-renseignement* ».

Les termes de cette circulaire consacrent la complémentarité du SCRT et de la DGSI, chacun traitant une partie du spectre du renseignement intérieur. En évoquant les «méthodes de recherche opérationnelle», la circulaire met officiellement fin à la division rigide entre milieu ouvert et milieu fermé qui avait présidé à la précédente réforme : le SCRT peut désormais recourir, par exemple à des interceptions de sécurité.

Le SCRT était doté de 1975 personnels en novembre 2014. Rappelons qu'à sa création, en 2008, la SDIG comptait 1 507 personnels – les effectifs des renseignements généraux étaient auparavant de 3 200. Pour la seule année 2014, 115 fonctionnaires de police et 22 gendarmes ont rejoint le service. Actuellement, le service compte 149 militaires de la gendarmerie, dont 33 à l'échelon central.

Avec l'affectation de 350 policiers et 150 gendarmes supplémentaires sur trois ans, prévu par le plan gouvernemental du 21 janvier 2015, les effectifs du SCRT vont atteindre 2 200 agents fin 2015, puis 2 500 agents en 2017.

La présence croissante de gendarmes au sein du SCRT est particulièrement souhaitable car ce service est compétent pour l'ensemble du territoire, aussi bien en zone police qu'en zone gendarmerie, bien qu'il soit rattaché à la direction de la sécurité publique de la police nationale.

Pour autant, des ajustements peuvent encore être accomplis, notamment dans la répartition des effectifs sur le terrain, qui doit nécessairement être ajustée en fonction du développement des menaces.

La dimension plus «opérationnelle» du SCRT par rapport à la SDIG est illustrée par la création d'une division nationale de recherche et d'appui (DNRA). Les 55 personnes qui la composent pourront appuyer des opérations conduites localement (articulées autour de six services zonaux).

La direction du renseignement de la Préfecture de police de Paris

Si la DGSI et le SCRT ont une compétence nationale en matière de renseignement, ces deux services ne disposent pas d'implantations territoriales à Paris et dans les départements de la petite couronne. En effet, ce territoire relève de la compétence de la direction du renseignement de la Préfecture de police (DRPP) qui exerce une pleine compétence dans le domaine du renseignement territorial et assume certaines des compétences de la DGSI en matière de lutte contre le terrorisme et les subversions violentes.

Si la DRPP compte, au total, 865 effectifs, 67 d'entre eux sont affectés à la lutte contre le terrorisme. Compte tenu du plan gouvernemental annoncé, cet effectif devrait être porté à 167.

La sous-direction de l'anticipation opérationnelle de la gendarmerie

Depuis la réforme du renseignement intérieur, entreprise en 2008, la gendarmerie a pu sembler avoir du mal à trouver sa place dans l'organisation de notre système de renseignement, la SDIG et la direction centrale du renseignement intérieur (devenue DGSI) ne semblant pas laisser de rôle significatif à la gendarmerie.

La participation de la gendarmerie à l'effort de renseignement est double :
– d'une part, elle fournit de plus en plus de militaires au SCRT
– d'autre part, elle s'est dotée d'une chaîne de renseignement propre qui se distingue doublement de la police nationale d'abord par l'absence de structure spécialement dédiée à la collecte du renseignement et ensuite par le but poursuivi qui s'intègre pleinement à la manœuvre d'ordre public alors que le champ d'action du SCRT est beaucoup plus vaste.

Le 6 décembre 2013 était créée une sous-direction de l'anticipation opérationnelle (SDAO) au sein de la direction des opérations et de l'emploi. Opérationnelle depuis le 1er janvier 2014, elle accueille depuis le 7 avril 2014 un commissaire de police en qualité d'adjoint au chef de la sous-direction ainsi qu'un commandant de police.

La SDAO se situe au sommet d'une chaîne intégrée de renseignement et s'adosse à l'organisation territoriale de la gendarmerie qui se compose : d'un échelon local en charge du recueil du renseignement (mission confiée au gendarme dans son unité), d'un échelon départemental situé au niveau du groupement où œuvrent un officier adjoint renseignement (OAR) et la cellule renseignement afin de participer au recueil de renseignement et d'élaborer une analyse de premier niveau, et d'un échelon régional et zonal où se situent également un OAR ainsi qu'un bureau renseignement ; ces deux structures apportent leur contribution à la gestion des événements d'ampleur dépassant le seul cadre du département.

L'ensemble représente un total d'environ 450 analystes répartis dans les cellules et bureaux renseignement ainsi qu'à la SDAO (40 ETPT en 2014) et qui traitent les informations recueillies pour en produire du renseignement opérationnel. Cette structure n'a pas pour objectif d'être redondante avec le SCRT, dans lequel la gendarmerie est de plus en plus impliquée, mais bien de fournir une analyse opérationnelle facilitant son action.

Une coordination avec la police est d'ailleurs mise en place puisque parmi les renseignements traités par le « centre d'analyse et d'exploitation » dont est dotée la SDAO, ceux relevant de l'islamisme radical sont pris en charge par un groupe de travail composé d'un officier supérieur de la gendarmerie et d'un capitaine de police détaché pour emploi auprès de la gendarmerie. Cette structure est d'ailleurs encadrée par l'adjoint police du sous-directeur.

Notons enfin que la SDAO n'est pas la seule entité de la gendarmerie qui traite de renseignement puisque le bureau de liaison anti-terroriste (BLAT), placé auprès de sa sous-direction de la police judiciaire permet à la gendarmerie de transmettre des informations utiles à la DGSI.

Le bureau du renseignement pénitentiaire

Créé en 2003, le bureau du renseignement pénitentiaire joue un rôle important dans la surveillance des filières et des individus djihadistes – à la fois pour lutter contre le risque de radicalisation en prison et prévoir les conditions d'incarcération d'un nombre de plus en plus important de prévenus, accusés ou condamnés pour des faits terroristes.

L'action du bureau du renseignement pénitentiaire fait l'objet d'une coordination croissante mais encore perfectible avec les autres services. Aujourd'hui, sa transformation en véritable service de renseignement, doté de capacités propres, paraît de plus en plus nécessaire et urgente.

La France n'a pas fait le choix, contrairement aux Britanniques, de confier le renseignement pénitentiaire à un service de renseignement spécialisé, mais a préféré le maintenir au sein de l'administration pénitentiaire. Créé par un arrêté du 7 janvier 2003 portant organisation en bureaux de la direction de l'administration pénitentiaire, le bureau du renseignement pénitentiaire a vu sa compétence précisée par un arrêté du 9 juillet 2008 fixant l'organisation en bureaux de la direction de l'administration pénitentiaire.

L'article 4 de l'arrêté de 2008 précise qu'il est chargé « de recueillir et d'analyser l'ensemble des informations utiles à la sécurité des établissements et des services pénitentiaires. Ilorganise la collecte de ces renseignements auprès des services déconcentrés et procède à leur exploitation à des fins opérationnelles.

Il assure la liaison avec les services centraux de la police et de la gendarmerie ». La mission du bureau du renseignement pénitentiaire est donc double puisqu'elle concerne, d'une part, le suivi et l'évaluation de la situation des établissements pénitentiaires au regard des risques d'incidents graves (prévention des évasions, intrusions, etc.) et, d'autre part, la collecte, le croisement et l'analyse des renseignements concernant des détenus particulièrement signalés, notamment au titre du terrorisme.

Sur ce dernier point, le renseignement pénitentiaire a mis en place dès 2004 un outil de détection du prosélytisme religieux, rénové en 2010. De même, un plan interministériel d'action sur la radicalisation religieuse a été élaboré au printemps 2014. Il s'est notamment traduit par une meilleure structuration du réseau du renseignement pénitentiaire et une circulation plus fluide de l'information.

Au niveau de l'administration centrale, le bureau du renseignement pénitentiaire compte 13 agents, soit trois de plus qu'à sa création. Il s'articule autour d'un pôle « terrorisme et criminalité internationale » et d'un pôle « grand banditisme » dont la répartition des suivis s'opère selon un découpage géographique, correspondant aux principaux foyers de criminalité organisée et à l'organisation territoriale des services déconcentrés. Un troisième pôle « documentation » a été institué en 2013.

Les fous d'Allah

Abaaoud

Né en 1987 dans la commune bruxelloise de Molenbeek, il se faisait appeler Abou Omar Soussi, du nom de la région du sud-ouest du Maroc dont sa famille est originaire, ou Abou Omar al-Baljiki (Abou Omar "le Belge").

Abdelhamid Abaaoud connaissait Salah Abdeslam, le suspect-clé dans ces attaques, qui a de fortes attaches lui aussi à Molenbeek ainsi que son frère Brahim, qui s'est fait exploser dans l'Est parisien. Tous trois apparaissent dans des dossiers criminels de droit commun en Belgique.

"C'était un petit con", harcelant ses condisciples et ses professeurs ou volant des portefeuilles, a raconté un ex-camarade de classe. Le "petit con" était dans le viseur des enquêteurs français et belges, qui voient en lui l'organisateur présumé des tueries de Paris qui ont fait vendredi 129 morts et 352 blessés et ont été revendiquées par Daesh.

"Abou Omar al-Baljiki" avait déjà fait la une des journaux belges début 2014 après avoir emmené en Syrie son petit frère Younes, 13 ans, surnommé "le plus jeune jihadiste du monde" par certains médias.

Il aurait rejoint d'autres combattants belges, rassemblés dans une brigade d'élite de Daesh. Il apparaît, fine barbe et bonnet de style afghan sur la tête, dans une vidéo de Daesh où il se vante de commettre des atrocités, s'adressant goguenard à la caméra au volant d'un véhicule qui tire des cadavres mutilés vers une fosse commune.

Abaaoud avait été envoyé par son père, commerçant, dans un collège chic de la commune résidentielle d'Uccle, dans le sud de Bruxelles.

"Nous avions une belle vie, oui, même une vie fantastique ici. Abdelhamid n'était pas un enfant difficile et c'était devenu un bon commerçant. Mais tout à coup, il est parti pour la Syrie. Je me suis demandé tous les jours pour quelle raison il s'est radicalisé à ce point. Je n'ai jamais reçu de réponse", avait déclaré en janvier son père, Omar Abaaoud. « Abdelhamid a jeté la honte sur notre famille. Nos vies sont détruites", avait réagi son père : "Pourquoi, au nom de Dieu, voudrait-il tuer des Belges innocents ? Notre famille doit tout à ce pays", avait expliqué Omar Abaaoud, dont la famille est arrivée en Belgique il y a 40 ans, en ajoutant qu'il ne "pardonnerait jamais" à Abdelhamid d'avoir "embrigadé" son jeune frère Younes.

Le plus connu des quelque 500 Belges partis combattre en Syrie ou en Irak est surtout lié à la "cellule de Verviers. Le 15 janvier, une semaine après les attentats de janvier à Paris, la police belge avait donné l'assaut dans une maison de cette ville de l'est de la Belgique, tuant deux de ses occupants, qui selon les enquêteurs s'apprêtaient à cibler les forces de l'ordre.

Abaaoud n'était pas sur place. Mais début février, il revendique avoir "planifié" ces attentats déjoués de justesse dans une interview que lui attribue Dabiq, le magazine de Daesh. Selon la presse belge, Abaaoud avait été localisé en Grèce, d'où il communiquait avec les deux jihadistes tués à Verviers. Un coup de filet à Athènes n'avait pu réussir à l'arrêter.

En juillet, Abdelhamid Abaaoud a été condamné à Bruxelles, en son absence, à 20 ans de prison dans un procès sur les filières de recrutement de jihadistes belges pour la Syrie.

Une source policière a par ailleurs confié que ce «donneur» d'ordre est sans nul doute celui qui a téléguidé le Marocain Ayoub El Khazzani lors de l'attaque avortée du Thalys, le 21 août dernier, mais aussi Sid Amed Ghlam, quand il a voulu décimer une église de Villejuif en avril dernier.

Si les profils des protagonistes varient, tous sont tombés assez jeunes, a priori sans grand bruit, dans la centrifugeuse de l'islam radical avant de se jouer des mailles pourtant resserrées des services antiterroristes. Au moins trois d'entre eux sont partis dans des camps d'entraînement de Daech qui a achevé de les métamorphoser en de redoutables machines à tuer. Analystes et experts du renseignement l'assurent: la cristallisation radicale se produit en un temps record.

Rachid Kassim

Il vit en Syrie ou en Irak, mais c'est en France qu'il fait parler de lui. Rachid Kassim est soupçonné d'être derrière plusieurs attentats ou tentatives d'attentats sur le sol français. Membre de l'organisation Etat islamique, il incite sur internet des aspirants terroristes à passer l'acte.

Via internet ou la messager Telegram, il a été en contact avec des personnes impliquées dans ces affaires. Parmi ses adeptes figurait notamment Larossi Abballa, abattu après avoir assassiné un policier et sa compagne, le 13 juin, à Magnanville. "*Abballa faisait partie de son groupe Telegram, et Kassim a eu une véritable influence dans cette affaire*", assure à l'AFP une source proche de l'enquête.

Son nom réapparaît quelques semaines plus tard, quand les enquêteurs ont découvert des conversations sur la messagerie chiffrée Telegram entre Rachid Kassim et les assassins du prêtre Jacques Hamel dans l'église de Saint-Etienne-du-Rouvray (Seine-Maritime), le 26 juillet. Rachid Kassim est suspecté d'avoir exercé au minimum une influence virtuelle dans le passage à l'acte" des deux jeunes tueurs. Il serait également l'auteur de l'enregistrement audio d'Adel Kermiche diffusé une semaine après la tuerie de l'église sur Telegram. Le jihadiste serait donc devenu le nouvel administrateur du groupe de discussion d'Adel Kermiche qui, dans ce cas, lui aurait transmis ses codes d'accès avant de mourir sous les balles des policiers.

Il est à nouveau cité dans l'affaire des bonbonnes de gaz dans une voiture abandonnée à côté de Notre-Dame, à Paris. Le ministre de l'Intérieur évoque des femmes "fanatisées, radicalisées" et téléguidées depuis la Syrie. Selon une source proche de l'enquête, "*des éléments ont étayé qu'il avait été en contact via Telegram avec l'une des protagonistes*". Le procureur François Molins a précisé, lors d'une conférence de presse, que l'une des trois femmes a été successivement la promesse de Larossi Abballa, d'Adel Kermiche et enfin d'un autre homme arrêté en même temps qu'elle. Selon un "proche de l'affaire" dans Le Parisien, "toutes les jeunes femmes arrêtées à Boussy-Saint-Antoine (Essonne) étaient plus ou moins en contact avec ce jihadiste, via internet ou la messagerie Telegram. Cet homme est depuis un moment dans le collimateur des services de renseignement".

Dernière affaire, l'arrestation, samedi 10 septembre, d'un adolescent de 15 ans, dans le 12e arrondissement de Paris. Selon Le Parisien, il a reconnu au cours de sa garde à vue "avoir voulu mourir en martyr après avoir tué tout un tas de kouffars [mécréants]" à l'arme blanche. Une source proche de l'enquête indique à l'AFP que le mineur était en contact via Telegram avec Rachid Kassim.

Animateur Social

Agé de 29 ans, Rachid Kassim est originaire de Roanne (Loire) où il a été animateur social. D'après Le Parisien, il était *"chargé d'accompagner les enfants d'un centre social à la cantine"*. Ancien amateur de rap, ayant pratiqué le karaté, il quitte la France avec sa famille pour l'Égypte en 2012 avant d'arriver en zone irako-syrienne.

"Avant son départ, ses proches l'avaient vu changer, au retour d'un séjour en Algérie. Transformé et obnubilé par le Coran, il se crée des inimitiés jusque dans les mosquées, où ses discours extrémistes gênent les fidèles", écrit Le Dauphiné Libéré. *"A l'époque, des frères se sont mobilisés dès qu'ils ont senti une dérive dans ses paroles. Ils l'ont emmené à des séminaires. Il a prétendu qu'il était repenti et avait compris ses erreurs"*, se remémore un membre d'une association locale, interrogé par L'Express.

Le 20 juillet, une semaine après l'attaque de Nice, il apparaît à visage découvert dans une vidéo tournée dans la zone irako-syrienne, dans laquelle il félicite le terroriste Mohamed Lahouaiej Bouhlel, pour l'attentat de Nice. Il décapite ensuite un otage soupçonné d'espionnage.

Connu des services antiterroristes, Rachid Kassim est très actif sur les réseaux sociaux, où il utilise son nom ou son prénom. Il a animé une page Facebook où il diffuse des messages ultraviolents. Sa chaîne Telegram serait suivie par 200 à 300 personnes, selon les sources.

Sur Telegram, il a communiqué une liste d'une dizaine de personnalités désignées comme des cibles à exécuter, selon Le Point qui affirme que *"les autorités françaises pensent que Rachid Kassim pourrait être l'inspirateur d'une dizaine d'actes terroristes ou tentatives d'attaques (...). Son nom a été cité par une adolescente de Melun, arrêtée en août alors qu'elle se préparait à commettre un attentat. Rachid Kassim semble également avoir encouragé la jeune majeure écrouée, le 10 août, à Clermont-Ferrand pour avoir posté sur les réseaux sociaux des messages inquiétants laissant craindre un possible passage à l'acte."*

Dans ses messages, il donne des consignes et des conseils pour mener un "jihad de proximité". Les modalités de l'attaque à la voiture piégée correspondent à la lettre aux consignes que Rachid Kassim dispense. Pour Saint-Etienne-du-Rouvray, il aurait joué un rôle d'intermédiaire. Selon les enquêteurs cités par l'AFP, "c'est lui qui a mis en contact les deux tueurs et donné les consignes".

Emni

Au sein de Daech, une cellule secrète - l'Emni, placée sous le commandement du porte-parole et chef de la propagande de l'Etat islamique, Abu Muhammad al-Adnani - serait derrière la planification de plusieurs attentats récents. Ceux de Sousse en Tunisie, de l'aéroport de Bruxelles ou encore du 13 novembre à Paris. L'Emni agirait clandestinement, en Syrie et surtout à l'étranger, où elle encadrerait via des intermédiaires les volontaires au martyr.

Souvent qualifiés de loups solitaires, les jeunes djihadistes passés à l'acte en France et ailleurs dans le monde pourraient en réalité être bien moins isolés que ce que n'ont jusqu'ici envisagé les autorités. Ces soldats de Daech pourraient en réalité appartenir ou avoir été approchés par une branche secrète de l'organisation terroriste, l'Emni, spécialisée (entre autres) dans les opérations extérieures.

Le coordinateur présumé de l'épopée sanglante parisienne, Abdelhamid Abaaoud a notamment été une "figure clef " de l'Emni, d'après le témoignage d'un combattant français. Mais c'est surtout un ex-djihadiste incarcéré en Allemagne, un certain Harry Sarfo, qui détaille le fonctionnement de la cellule et sa force de frappe.

Pour lui, l'Emni a d'ores et déjà envoyé "des centaines" de recrues en Europe, potentiellement prêtes à agir et à frapper simultanément plusieurs pays, dont la France, l'Allemagne et le Royaume-Uni. Des "centaines" d'autres combattants attendraient en Turquie. Il le sait car, lors de son arrivée en Syrie, on lui aurait demandé de retourner en Allemagne. Il y manque *des volontaires disposés à faire le job*", lui aurait-on dit en substance.

Les renseignements français, autrichiens et belges ont repéré 28 membres de l'Emni parmi les terroristes déjà identifiés. Une trentaine d'hommes est ainsi parvenue avec succès à quitter la Syrie sans se faire remarquer et à passer à l'acte, en étant toutefois pour certains arrêtés à temps.

Plus inquiétant, le mode de recrutement au sein de l'Emni (par nationalité ou langues parlées), rend très difficile les surveillances, pour au moins deux raisons. Placés en petites unités, les membres de l'Emni mandatés pour commettre un attentat à plusieurs dans un pays de l'Europe se rencontrent parfois seulement la veille de leur départ. Pour ceux qui agissent seul, le schéma est encore plus élaboré, explique en prison le djihadiste allemand repenti, Harry Sarfo.

Pour ceux là, les "loups solitaires", l'Emni aurait recours à des intermédiaires soigneusement choisis, de préférence récemment convertis au djihad voire à l'islam, sans liens connus avec des groupes terroristes. Ces hommes, qu'Harry Sarfo appellent les "clean men", des agents "propres", seraient chargés de faire le lien entre les candidats au martyr et les opérationnels de Daech, ceux qui pourront ensuite faire parvenir le mode d'emploi d'un gilet explosif par exemple ou diffuser a posteriori la vidéo de revendication une fois l'attentat perpétré.

Devenu un rouage "crucial" de la machine à tuer de l'Etat islamique, l'Emni aurait déjà investi l'Autriche, l'Allemagne, l'Espagne, le Liban, la Tunisie, le Bangladesh, l'Indonésie etc. mais aurait du mal à s'implanter aux Etats-Unis, malgré un commandement multiple, et plusieurs lieutenants chargés de couvrir différentes zones de la planète à travers des services distincts, comme le service "Asie", le service "Européen" ou encore celui dédié au "Monde arabe. "

En France, à en croire les membres de Daech rencontrés par l'ex-combattant Harry Sarfo, les volontaires ne manque pas. Au contraire. "*Mon ami leur a demandé ce qu'il en était de la France et ils ont commencé à rire. Mais à rire sérieusement, avec des larmes aux yeux »*… Ils ont répondu: "*Ne t'inquiète pas pour la France 'Mafi mushkilah'*". En arabe cela signifie "no problem." Cette conversation a eu lieu en avril 2015. Quelques mois à peine avant le 13 novembre…

Les enquêteurs ne savent pas encore ce que signifie leur découverte. Après le double meurtre d'un couple de policiers, lundi 13 juin à Magnanville dans les Yvelines - attentat revendiqué au nom de Daech par l'un des disciples parisiens du groupe terroriste, Larossi Abballa, 25 ans - plusieurs arrestations ont été opérées dans l'entourage du tueur présumé.

Parmi elles, celle de Saâd Rajraji, un jeune de 27 ans condamné avec Larossi Abballa en 2013 dans une filière d'acheminement de djihadistes au Pakistan. Placé en détention provisoire et mis en examen cinq jours après les faits, aux côtés d'un autre membre de la filière (Charaf-Din Aberouz, 29 ans), Saâd Rajraji est soupçonné de s'être rendu complice de la tuerie.

A son domicile, perquisitionné pour les besoins de l'enquête, a été retrouvé selon les informations de BFMTV "un bout de papier" sur lequel est inscrite l'adresse mail d'un vétéran du djihad, Fabien Clain. Un nom bien connu des services antiterroristes puisque ce proche du clan Merah s'est notamment illustré, au lendemain des attentats du 13 novembre, pour avoir revendiqué dans un message audio le carnage de Paris.

Son nom était toutefois apparu en avril 2015 dans une autre affaire, celle de l'attentat manqué projeté par un jeune étudiant algérien de 24 ans, Sid Ahmed Ghlam, contre une église de Villejuif, dans le Val-de-Marne. Un jeune à qui Fabien Clain aurait servi d'appui logistique à distance...

Une confrontation inéluctable

Auditionné dans le cadre de la commission d'enquête parlementaire sur les attentats de 2015, dont le rapport est rendu public le 12 juillet, le patron de la DGSI Patrick Calvar se montre inquiet. Pour lui, non seulement les terroristes islamistes pourraient à l'avenir changer de mode opératoire en France mais surtout, "une confrontation entre l'ultra droite et le monde musulman" lui paraît "inéluctable".

Patrick Calvar, le patron de la Direction générale de la sécurité intérieure (DGSI), est du genre discret. Nommé en 2012, ce Breton de 60 ans a fait toute sa carrière dans les renseignements, "au contact direct des sources". Jusque là, aucune photo de lui n'avait filtré. Il s'est pourtant illustré dans l'antiterrorisme dès 1995 pour avoir notamment dirigé les équipes aux prises avec les poseurs de bombes du métro Saint-Michel, à Paris.

Auditionné à huis clos le 24 mai dernier dans le cadre de la commission d'enquête parlementaire sur les attentats de 2015 dont le rapport est rendu public, Patrick Calvar maîtrise donc son sujet. Celui qui est volontiers vanté pour son "sang-froid absolu" se montre cette fois alarmiste. Pensant *"que nous gagnerons contre le terrorisme"*, il s'inquiète néanmoins : pour lui la France, où *"un mouvement de fond entraîne la radicalisation de la société"*, mais aussi l'Europe, sont *"en grand danger"*.

"C'est ce qui m'inquiète quand je discute avec tous les confrères européens : nous devrons, à un moment ou un autre, dégager des ressources pour nous occuper d'autres groupes extrémistes parce que la confrontation est inéluctable", a-t-il estimé. Et de préciser : *"Vous aurez une confrontation entre l'ultra droite et le monde musulman - pas les islamistes mais bien le monde musulman"*.

"Encore un ou deux attentats et elle adviendra", avait-il déjà prévenu le 10 mai devant la commission de la Défense nationale de l'Assemblée nationale. Patrick Calvar recommande par conséquent *"d'anticiper et de bloquer"* toute possibilité *"d'affrontements intercommunautaires."*

Sur les attentats liés au terrorisme islamiste, le patron de la DGSI s'inquiète par ailleurs d'un éventuel changement de mode opératoire. Il se dit "persuadé" que Daech *"passera au stade des véhicules piégés et des engins explosifs"* en France, et qu'ils monteront ainsi "en puissance" en raison notamment du fait qu'ils n'iront plus à la confrontation directe *"avec un assaut et la mort à la clef."*

Aujourd'hui néanmoins, "la menace la plus forte" reste celle qui émane d'individus *"qui ont combattu"*, ou qui ont été *"entraînés en*

Syrie et en Irak", à l'image "*de ceux qui ont attaqué le Bataclan*".
"*Ceux-là, conclut Patrick Calvar, mèneront les actions terroristes d'ampleur (...) Ils sont au nombre de 400 à 500...*"

Les Frères Clain

Celui qui a revendiqué les attentats de Paris au nom de Daech a passé de nombreuses années à Alençon. Le souvenir qu'il y laisse n'est pas celui d'un terroriste. «*Doux, calme, ouvert, parlant l'arabe couramment et maniant très bien la langue française*». Quand la voix de ce Français de 37 ans s'élève au lendemain des attentats de Paris pour les revendiquer au nom de Daech, «*stupeur et effroi*» s'abattent sur celles et ceux qui l'avaient côtoyé lorsqu'il vivait dans l'Orne.

À Alençon, où vivent encore des membres de la famille de Fabien et Mylène Clain, c'est la stupéfaction. Interrogée, la cousine du djihadiste vétéran n'en revient pas. "Quand j'ai entendu la voix de Fabien et le chant de Jean-Michel sur la revendication de Daech, j'étais sciée. Ils ont joué un double jeu. J'étais à mille lieues de penser qu'ils pratiquaient un islam radical. C'est une trahison pour tout le monde. Pour moi, qu'il ait revendiqué ou commandité les attentats, c'est pareil ! C'est une pourriture qui salit l'islam et sa famille."

Voix claire et posée, il explique que Paris a été choisie car elle est "*la capitale des abominations et de la perversion.*" Clain se réjouit de "*la mort des idolâtres du Bataclan*" et estime le bilan "*au minimum à 200 croisés tués*".

L'homme parle de huit assaillants et évoque les lieux choisis, le Stade de France, le Bataclan et "*d'autres cibles dans le 10e, le 11e et le 18e arrondissement*". La preuve que l'enregistrement a été réalisé avant les attaques, étant donné qu'aucun attentat n'a été commis dans le 18e, où se serait trouvé Salah Abdeslam. D'ailleurs, celui-ci n'aurait pas dû survivre, puisque Clain assure que ses "*frères ont déclenché leurs ceintures d'explosifs au milieu de ces mécréants après avoir épuisé leurs munitions.*"

Seul le commanditaire des attaques, ou un proche de celui-ci, pouvait avoir accès à autant de détails. Seul un membre haut placé dans la hiérarchie pouvait offrir une exposition médiatique à son frère cadet, Jean-Michel, l'homme qui chante avant et après le fameux message de revendication.

En Normandie

Né à La Réunion le 30 janvier 1978, Fabien Clain a passé de nombreuses années en Basse-Normandie. Scolarisé à l'école Robert-Desnos d'Alençon entre 1986 et 1991, c'est là qu'il rencontre celle qui deviendra sa femme, Mylène. C'est sa mère, chrétienne pratiquante, qui l'élève seule. À l'école primaire, il fait la connaissance de Mylène, qui deviendra son épouse à 21 ans.

En 1991, Fabien Clain repart à La Réunion avec sa mère, ses frères et sœurs. Puis revient dans l'Orne quatre ans plus tard pour terminer ses études. Il y retrouve Mylène *«par hasard»*, témoigne la mère de celle-ci. *«Il était gentil, on ne peut pas lui enlever ça.»* À la fin des années 1990, toute la famille Clain se convertit à l'islam. Puis *«ils sont partis s'installer à Ambax (à une soixantaine de kilomètres au sud-ouest de Toulouse). J'y allais souvent voir ma marraine, la mère de Fabien et Jean-Michel.»*

À Toulouse, Fabien Clain et son frère Jean-Michel se radicalisent. Surnommé "Omar" par ses proches, il a lui aussi longuement vécu à Toulouse. Ils se rapprochent des familles Essid et Merah et fréquentent assidûment Olivier Corel, «l'émir blanc» d'Artigat, dans l'Ariège. *«Fabien part ensuite en Égypte. Pour apprendre l'arabe»*, détaille Sarah. En 2009, il est condamné à 5 ans de prison pour avoir animé une filière d'acheminement vers l'Irak. Fabien Clain est alors qualifié de "tête pensante" du groupe.

À sa sortie de prison, fin 2012, interdit de séjour dans 22 départements du sud, il revient à Alençon avec femme et enfants. Il donne des cours d'arabe pour adultes à la mosquée Mahabba (amour, en arabe). Très vite, l'association lui demande d'arrêter après la diffusion de Pièces à conviction, en mars 2013, où il apparaît comme un proche de Mohamed Merah. « *Il a alors cessé de venir à la mosquée. Jamais nous n'aurions pu deviner qu'il irait jusque-là*», confie Omar Sadequi, président de l'association Mahabba.

À cette époque, Fabien Clain «ne travaille pas», selon sa cousine. Pourtant, on retrouve la trace d'une société de vente de livres, domiciliée dans le quartier de Perseigne, à Alençon, sa dernière adresse connue. À cette période, certains voisins évoquent des allers-retours en Belgique.

En février 2015, c'est la dernière fois qu'il est vu à Alençon. Pour beaucoup, il rejoint la Syrie dans la foulée. Mais il semblerait qu'il ait fait un dernier passage à Ambax. En juin, Sarah s'y rend. « Je venais d'apprendre le décès de ma marraine. C'est là que j'ai su que Fabien et sa mère étaient partis en Syrie depuis le mois de mai. Elle est morte là-bas.»

À ce moment-là, la gendarmerie confisque les papiers de Mylène. « *Pourtant, cet été, elle m'a envoyé un message. Elle disait être en Syrie avec leurs trois enfants*, poursuit Sarah. *Comment ils ont fait pour voyager ? Ça, je ne sais pas...*».

Sid Ahmed Ghlam

Sid Ahmed Ghlam a bel et bien été téléguidé depuis la Syrie. L'étudiant algérien de 24 ans, suspecté d'avoir fomenté un projet d'attentat contre une église de Villejuif, était en relation avec des Français partis faire le djihad en Syrie. Sid Ahmed Ghlam communiquait avec ses commanditaires via des conversations chiffrées sur Internet. Dans un des messages, dans lequel ils lui indiquent comment récupérer une voiture, les djihadistes font l'erreur d'utiliser des pseudonymes. C'est comme cela que les enquêteurs remontent jusqu'à au moins trois hommes, tous connus des services de renseignement et localisés en Syrie. L'un d'eux s'appelle Fabien Clain, un homme qui a contribué à radicaliser les deux autres.

Le meurtre d'Aurélie Châtelain, "*apparemment non-prémédité, a fait dérailler un scénario écrit depuis plusieurs semaines*". Aujourd'hui, celui-ci affirme que c'est un complice qui a accidentellement tué la jeune femme, la sécurité de l'arme étant "*partie toute seule*". Ghlam se serait alors volontairement tiré une balle dans la jambe, afin de se rendre à la police, prétend-il. Les enquêteurs estiment, eux, qu'il s'est blessé accidentellement.

S'il ne s'était pas tiré cette balle dans la jambe, le dimanche 19 avril, tout porte à croire que l'étudiant de 24 ans sans casier judiciaire serait passé à l'acte dans une église de Villejuif, dans le Val-de-Marne. Il en avait en tout cas bel et bien reçu l'instruction écrite, deux jours avant.

Dans cette affaire d'attentat manqué, les enquêteurs sont sur la piste de commanditaires français basés en Syrie. Et Ghlam, "*confronté aux éléments du dossier*", a "*finalement décidé de s'expliquer*".

L'un des principaux suspects serait un homme bien connu des services de renseignement: Fabien Clain, un ex-cadre de la filière d'Artigat, en Ariège - la filière dans laquelle évoluait Mohamed Merah.

C'est une série de messages, retrouvés dans le matériel informatique de Ghlam, qui ont permis aux enquêteurs de remonter jusqu'à lui. Un interlocuteur basé à l'étranger - qui ne donne jamais son nom - demande à l'étudiant en informatique de se rendre dans un garage, situé à Pierrefitte-sur-Seine, en Seine-Saint-Denis, pour récupérer une voiture et y cacher son arsenal.

"*Quand tu arrives là-bas, tu demandes à parler à Rabi*", est-il écrit. "*Dès que tu le vois tu lui dis: 'Je viens de la part de Vega et Thomas pour récupérer la BMW 318*'".

Des informations précieuses pour la DGSI, qui parvient à identifier les deux complices en quelques jours: Macreme A. et Thomas M., deux hommes originaires de Seine-Saint-Denis que Fabien Clain aurait endoctrinés avant qu'ils ne quittent la France, début 2015, pour la Syrie.

Si les trois hommes n'ont pas pu être entendus, l'enquête de la DGSI a permis la mise en examen de trois personnes ces dernières semaines. Le premier, un certain Rabah B., dit le "Kabyle", est soupçonné d'avoir organisé la livraison de l'arsenal caché dans la Mégane, à l'attention de Ghlam. Son nom avait déjà été cité dans une affaire de jihadisme.

Le deuxième homme est un proche de Moussa Coulibaly, qui avait agressé trois militaires au couteau à Nice, le 3 février dernier. Quant au troisième, il "*fréquente un ancien membre du Groupe islamique combattant marocain, suspecté d'avoir commandité les attentats de Casablanca et de Madrid au début des années 2000*", écrit Le Monde.

Enfin, un quatrième homme, dont l'ADN avait été retrouvé sur une brosse à cheveux au domicile de Ghlam, a finalement été relâché. Mais les enquêteurs ont découvert que son frère, un déserteur de l'armée française, avait été "*l'élève de Farid Benyettou*", surnommé "*l'émir des frères Kouachi*", les deux auteurs de la tuerie de Charlie Hebdo.

Mohamed Merah

"Le tueur au scooter" s'inquiète à la fin des années 2000 du procès à venir de Fabien Clain. Si bien qu'il prend des nouvelles de lui grâce à son frère et va jusqu'à lui écrire une lettre depuis sa cellule, où il purge une peine pour des faits de délinquance.

Fabien Clain est à son tour en détention lorsque Mohamed Merah commet ses meurtres sanglants. Fait étrange, à sa sortie en août 2012, il s'installe en Normandie et s'insurge contre un reportage sur

France 2 dans lequel il est décrit comme un proche du terroriste. Il assure à l'époque que sa vie est un enfer depuis la diffusion et qu'il porte plainte contre France télévisions. Et ce, malgré les preuves accablantes qui le contredisent.

Toulouse

À l'époque, Clain se décrit comme un rappeur d'un genre particulier, un "Rappeleur", chantant la gloire de sa nouvelle religion. Lui écrit les textes, Jean-Michel, son petit frère les chante. Pas besoin de disposer d'une source au sein des services de renseignements pour suivre le début du parcours de Clain. Tout est sur le web. Elles tournent toujours sur le site Myspace.

À Toulouse, cité du Mirail, Clain passe un cap dans sa foi. Alors que sa femme se voile intégralement, il se radicalise et donne dans le prosélytisme. Décrit comme affable et chaleureux, son pouvoir de persuasion est très fort. Son charisme, indéniable. À son contact, un jeune homme de 16 ans change sa façon de voir le monde. Il s'agit de Sabri Essid. En mars dernier, ce vétéran du jihad est apparu dans une vidéo de propagande de Daesh, ordonnant à son fils de 10 ans de tuer un otage.

Sabri Essid n'est autre que le demi-frère de Mohamed Merah, l'auteur des attentats de Montauban et Toulouse en 2012, responsable de la mort de trois militaires et de trois enfants et un enseignant à l'école juive Ozar Hatorah. Quant à Adbdelkader Merah, le frère de Mohamed, il est l'un des meilleurs amis de Fabien Clain. Petit à petit la galaxie Clain se met en place.

L'émir blanc

En 2004, c'est en Ariège, à Artigat que Clain et ses proches poursuivent leur périple. Ils y sont accueillis par Olivier Corel, dit "l'émir blanc". Condamné pour détention d'arme à six mois de prison avec sursis, Olivier Corel a affirmé *"n'être ni imam, ni chef, ni rien de tout ça"*. Il n'empêche que, dans sa communauté chaque mois plus nombreuse figuraient aussi Sabri Essid, Abdelkader Merah et sa soeur Souad.

En 2007, la filière d'Artigat est démantelée. Plusieurs de ses membres sont mis en examen pour avoir permis à de jeunes Français d'aller se battre pour Al-Qaida en Irak. Désormais bien connu des services secrets français, Fabien Clain fait l'objet d'un fiche "S" alors qu'il est parti vivre en Egypte. À son retour en France en 2008, il est arrêté et condamné à cinq ans de prison l'année suivante.

Assignée à résidence, la jeune femme n'ose plus sortir de chez elle, "par peur d'être assimilée à Fabien et Jean-Michel". Même chose pour la grand-mère des enfants Clain, la mère de Mylène, qui ignorait que sa fille était partie en Syrie. Les enquêteurs se sont également rapprochés des parents de sa femme, Mylène. «On vit un drame. On avait une vie tranquille, maintenant c'est fini. Nous sommes victimes de tout cela», a déclaré sa belle-mère. Cette famille d'Alençon était loin de se douter des activités terroristes de leur gendre.

La mère de Mylène se souvient de la rencontre de sa fille et de Fabien sur les bancs de l'école et de sa conversion à l'islam. «Quand Mylène a commencé à se voiler, son père a refusé de la voir», confie l'Alençonnaise. De son côté, elle reste en contact avec sa fille qu'elle finit par héberger avec ses trois enfants.

Puis c'est la disparition. La dernière fois que la mère de famille voit Mylène et ses petits-enfants «c'était en février dernier», se souvient-elle. Inquiète, elle s'était alors rendue au commissariat pour «signaler une disparition inquiétante». À l'époque, les passeports de l'épouse et des enfants de Fabien Clain sont confisqués. Mais pour sa belle-mère, «sa fille et ses trois enfants ne sont plus en France».

«Pour moi, qu'il ait revendiqué ou commandité les attentats, c'est pareil!», affirme la cousine de Fabien Clain. Avant d'ajouter: «Moi je suis convertie depuis 2013 mais je pratique un islam modéré. Les forces de l'ordre pensent que je suis liée à eux, mais je n'ai pas choisi ma famille, j'étais à mille lieues de penser qu'il pratiquait l'islam radical» a-t-elle soutenu. Du fait de son assignation, la jeune femme doit pointer quatre fois par jour au commissariat. «J'ai peur de sortir, d'être agressée par des gens qui m'assimilent à Fabien et Jean-Michel», craint-elle.

Concernant la disparition de la femme de Fabien, sa cousine est formelle: «Pendant l'été, j'ai reçu un message me disant qu'elle était en Syrie avec les enfants. J'ai parfois quelques nouvelles de sa part mais juste pour me dire comment vont les enfants, c'est tout». Quant à son cousin, elle dit l'avoir vu pour la dernière fois en début d'année.

Sabri Essid

Sabri Essid, 31 ans, est originaire du quartier des Izards à Toulouse, comme les Merah. Il commence à s'intéresser à la religion à l'adolescence. En 2000, il a 16 ans quand il quitte le domicile familial pendant deux mois pour habiter non loin, à Bellefontaine, chez Fabien Clain. De six ans son aîné, ce converti joue auprès de lui un rôle de mentor. Interrogée par les enquêteurs en 2007, la mère de Sabri Essid parle d'un changement radical, en deux mois seulement.

Au même moment, autour d'« Abdel-nasser », alias Abdelkader Chadli, en lien avec le Front islamique tunisien et le GIA algérien, se constitue à Toulouse, une cellule dont un converti, le dit Fabien Clain, prend bientôt les rennes. Si Sabri Essid a commencé à prier, selon ses propres déclarations depuis l'âge de 14/15 ans, c'est au contact de ce chef, décrit comme charismatique mais qui n'apparaissait pas pour certains acteurs de l'affaire comme « le plus dangereux », que Sabri Essid se laissera, d'après sa mère, « influencé ».

Autour de Fabien Clain, se constitue un petit groupe qui tient un étal au marché de la place Saint-Sernin à Toulouse, et fait du prosélytisme derrière la vente de livres religieux. Sabri Essid et deux autres comparses, s'attardent sur de tout autres conseils. Auprès des badauds attirés, arrêtés devant l'étalage, les membres de la « communauté » en profitent pour faire du prosélytisme. Embusqués, les renseignements observent. La provenance du matériel religieux, édité par l'association salafiste belge Al imam al bokhari, ne leur échappe pas, pas plus que les va-et-vient du groupe toulousain en Belgique.

Car avant d'être devenu le repère des Merah, la Belgique fut d'abord celui de Sabri Essid et de quelques autres, dont Fabien Clain et son frère Jean-Michel, qui avaient même tentés de s'installer à quelques encablures d'Anvers, à Utrecht, aux Pays-Bas. Le groupe toulousain, qui présente déjà un caractère sectaire, s'affiche ainsi paradoxalement, dès ses débuts, par ses ramifications à l'international. En Belgique donc, mais aussi en Egypte, en Syrie, où les membres se rendaient tantôt en bus, en empruntant une ligne Eurolines au départ de la Porte de Bagnolet, à destination de la Bulgarie, tantôt en avion depuis Bruxelles, profitant alors pour faire une « étape » chez des « frères ».

La Syrie

Fin 2006, Sabri Essid part pour la Syrie. C'est en cherchant à rejoindre l'Irak pour s'y battre contre les Américains qu'il est arrêté à Hama, en compagnie de Thomas Barnouin, originaire d'Albi. Ce qui vaudra à sa mère d'être interrogée par les enquêteurs français en février 2007. Face à eux, elle évoque, impuissante, un fils qui a « *toujours été attiré par l'islamisme radical*». Encouragé en cela par son père. Sabri Essid, de fait, bascule tôt, dès 2000, lorsqu'il quitte le domicile familial, à Toulouse, pendant deux mois pour être hébergé non loin, dans le quartier Bellefontaine chez un certain Fabien Clain, de six ans son aîné, et qui jouera auprès de lui un rôle de mentor.

Sabri Essid a alors 16 ans. «*A partir de cette époque, le comportement de (s)on fils a radicalement changé. Il parlait sans cesse de religion et du djihad*» poursuit la mère. A 17 ans, à l'âge où d'autres « *ne sont pas sérieux* », la « vie sociale » du jeune Essid «*semble s'être limitée aux relations religieuses*» note le docteur en psychopathologie, chargée de l'examiner, au cours du procès.

Remis à la France, Sabri Essid est jugé par le Tribunal de grande instance de Paris, en 2009, avec l'ensemble de la filière dite d'Artigat, qui organisait le départ de combattants vers l'Irak. Devant le Tribunal de grande instance de Paris, en 2009, Sabri Essid ne nie pas avoir tenu ses propos. «La page est tournée» affirme-t-il cependant. Pourtant, à la barre, il laisse un souvenir différent. Celui de la « petite frappe » radicalisée à qui « la prison n'avait pas fait du bien. » « Essid s'était défendu seul, sans avocat, en reprenant l'habituelle diatribe :

"*je ne reconnais pas ce tribunal, seul Dieu me jugera...*" C'est ce qu'on leur apprend en prison, explique une source proche du dossier. Il écope de 5 ans de prison dont un avec sursis, pour "*association de malfaiteurs en vue de la préparation d'un acte terroriste*". Libéré en novembre 2010 après 4 ans de prison, il trouve un emploi de grutier.

Sabri Essid indique avoir été torturé. Electrocuté. Il présente d'ailleurs une «abrasion des poils sur la zone testiculaire». Même obtenu sous la torture par les services syriens, ses aveux quant à sa volonté d'aller faire le djihad en Irak, envahi à l'époque par les Américains, ne font pas de doute pour la justice française. N'ayant toutefois pas pu se rendre sur les terres de Saddam Hussein, ce n'est que l'intention qui sera finalement jugée. «*C'est là toute la difficulté de ces procès*» observe un connaisseur du dossier. «*On ne condamne pas pour des faits préventifs. C'est très délicat d'appréhender ce genre de profil...* »

Pour un ancien de la bande de Toulouse néanmoins, entendu par les enquêteurs, Sabri Essid « *était sans pitié (...) manifestait sans précaution le désir de se rendre en Irak, il n'hésitait pas à crier sa haine des Américains.* » Des « déclarations » de Ben Laden et des « *reportages sur les détenus de la base américaine de Guantanamo* » avaient d'ailleurs été retrouvés parmi les affaires de Sabri Essid, lors de son arrestation au cours de laquelle des armes avaient également été saisies. S'il n'avait pas pris les armes plus tôt, c'est aussi qu'il avait des dettes vis-à-vis de son père, informe une note des renseignements. Des dettes dont il s'acquittera en vendant sa BMW : « *Il voulait partir libre* » et avait donné, selon des dépositions, à un autre membre du groupe « *la liste de ses dettes pour lui permettre d'aller au paradis* ».

Issus du même quartier que Merah, les deux hommes se rapprochent encore plus en 2010, quand le père de Sabri Essid épouse religieusement la mère de Mohamed Merah. Ils se présentent alors comme "demi-frères". Ils sont en contact dans les mois précédant les tueries de Toulouse. C'est Sabri Essid qui organise les funérailles de Mohamed Merah, après sa mort en mars 2012 dans l'assaut donné par le Raid.

Daech

Le groupe est surveillé par la police, qui les file lors de séances de paintball, de réunions dans des appartements et de déplacements à Grigny, en région parisienne. De nouvelles têtes, notamment des convertis, apparaissent dans leur entourage. Mais leur suivi n'empêche pas leur départ simultané d'Albi et de Toulouse pour la Syrie entre mars et avril 2014. Une vingtaine de départs au total.

«Le profil de types comme ceux du groupe d'Artigat est inquiétant. Ce sont des fondus qui auront gagné en influence à leur retour, s'ils reviennent», commente une source judiciaire. Depuis septembre 2013, le juge antiterroriste Marc Trévidic enquête sur ce réseau dit «Artigat 2» et *«susceptible de commettre des attentats sur le territoire national»*. Sabri Essid et comparses sont soupçonnés de continuer à recruter dans la région toulousaine.

Surveillé par la DGSI depuis sa sortie de prison, et par la justice qui compte l'entendre dans l'affaire Merah, Sabri Essid parvient malgré tout à rejoindre les rangs de l'organisation Etat Islamique mi-avril 2014. Il part avec son épouse et quatre enfants: son beau-fils de 12 ans, Rayan, et leurs trois enfants en bas âge.

Le 10 mars 2015, Sabri Essid apparaît dans la vidéo de l''exécution d'un otage Arabe israélien, soupçonné d'un espion du Mossad. Le film diffusé par l'Etat islamique marque une étape dans l'horreur : à ses cotés, on voit son beau-fils, Rayan, 12 ans, tirer sur l'otage. Sabri Essid évoque en français l'attaque de l'Hyper Cacher deux mois plus tôt, et menace de s'en prendre aux Israéliens :

« *Oh vous les juifs, Allah nous a permis de tuer vos frères sur le sol français, et ici sur la terre de l'Etat islamique. (...) Les conquêtes islamiques viennent de commencer, les juifs tremblent car la promesse est proche.* »

Agenouillé, à ses pieds, un jeune arabe israélien qu'il accuse d'appartenir au Mossad. Revêtu d'un T-shirt orange semblable à la tenue des prisonniers de Guantanamo, l'otage attend la mort. On ne sait si c'est l'enfant qui accompagne Sabri Essid ou Sabri Essid lui-même qui la lui donnera.

Revolver à la main, « Allahou akbar » à la bouche, le garçonnet (que ses anciens camarades d'école à Toulouse ont reconnu) grimace. A ses côtés, à peine plus grand que lui, dans un treillis couleur terre, Sabri Essid prend quant à lui la parole. En français. Celui qui a longtemps été dans l'ombre de son « frère » d'arme, Mohamed Merah (*qu'il a d'ailleurs enterré, avec seulement quelques intimes*) s'avance sur le devant d'une scène qu'il occupe en réalité depuis bien longtemps.

Olivier Corel

Onze jours après les attentats du 13 novembre, le domicile d'Olivier Corel, 69 ans, surnommé l'«Emir blanc», principal mentor d'un réseau salafiste de la région toulousaine par lequel sont passés les frères Clain ou encore Mohamed Merah, a fait l'objet d'une perquisition administrative. Il a été placé en garde à vue pour possession illégale d'une arme de chasse. Son interpellation s'est faite en même temps que quatre autres perquisitions administratives dans l'Ariège et six assignations à résidence. Il a finalement été condamné à six mois de prison avec sursis pour détention d'arme, mercredi 25 novembre, en comparution immédiate devant le tribunal correctionnel de Foix.

Depuis plus d'une décennie, ce Syrien naturalisé français, de son vrai nom Abdel Ilat Al-Dandachi, est dans le collimateur de la justice et des policiers de l'antiterrorisme. Il n'avait jamais été condamné. Arrivé en France en 1973, ex-responsable de l'Association des étudiants islamiques de France, proche des Frères musulmans syriens, Olivier Corel a fondé, en 1987, la communauté islamiste du hameau ariégeois de Lanes, près d'Artigat, dans la vallée de la Lèze. De là, il enseignait la parole salafiste, sous couvert de cours de religion et de conférences sur la géopolitique au Moyen-Orient. C'est dans sa modeste maison qu'il recevait.

Tout le clan Merah est passé par là : Mohamed, sa sœur Souad, leur frère Abdelkader. Un certain Sabri Essid aussi. Olivier Corel a surtout eu comme élèves les frères Clain, Fabien et Jean-Michel. D'origine réunionnaise, convertis et mariés à deux femmes portant la burqa, leurs deux voix ont été identifiées sur la bande audio de revendication des attentats de Paris par l'EI. Tous les deux ont assidûment fréquenté la communauté d'Artigat depuis la fin des années 1990.

En 2009, Olivier Corel a bien été poursuivi pour «association de malfaiteurs en relation avec une entreprise terroriste » dans le cadre du procès d'une des premières filières démantelées d'envoi de candidat au djihad en Irak. Mais il a obtenu un non-lieu. Sabri Essid, lui, écope à l'époque de cinq ans de prison, tout comme Fabien Clain, condamné en 2009.

En novembre 2014, Olivier Corel a une nouvelle fois été placé en garde à vue, dans le cadre de l'affaire Merah. Mais il est là encore ressorti libre. Il affirmait alors avoir rencontré Mohamed Merah seulement une dizaine de jours avant son premier meurtre. Le jeune homme était venu le consulter dans sa maison d'Artigat pour une « question liée au divorce dans l'islam», avait-il soutenu. Lors de son audition, il a refusé de condamner le tueur au scooter.

Devenu prédicateur à son tour, Fabien Clain semble avoir recréé en Syrie le biotope d'Artigat. Avant leur départ pour la Syrie, Fabien Clain et son frère Jean-Michel auraient toutefois pris leurs distances avec l'«émir blanc», estimant qu'il « avait beaucoup vieilli ».

Apprécié dans la commune, il serait "très serviable" et donnerait souvent "des coups de main pour des travaux". Il vend notamment des poteries et des fripes sur les marchés locaux, porte une barbe longue et des bottes en plastique qui le ferait presque passer ce sexagénaire travailleur pour un "baba cool".

Frères musulmans

Arrivé en France en 1973 pour des études de pharmacie rapidement abandonnées, Abdel Ilat al-Dandachi de son vrai nom, est d'origine syrienne. Il francisera son patronyme lors de sa naturalisation en 1983. Selon les policiers qui ont enquêté sur son parcours en 2008, cet homme, "interdit de séjour en Syrie", "*utilisait ses relations dans les pays du Moyen-Orient pour faciliter et assister la logistique des salafistes toulousains*".

Ancien responsable des Frères musulmans syriens en France et ex-président de la section toulousaine de l'association des étudiants islamiques de France, le "cheikh" s'installe dans ce coin paumé de l'Ariège en 1987. Poterie et élevage de cailles : au début, la petite communauté ne se fait pas remarquer. Même si les jeunes convertis affluent dès les années 1990.

Olivier Corel commence à prendre de l'influence à partir de 2003, date à partir de laquelle il est surveillé par les renseignements généraux. A Toulouse, deux "leaders" radicaux se sont en effet fait expulser. La nature a horreur du vide et c'est ainsi qu'Olivier Corel devient l'aimant de tout un groupuscule de jeunes, attirés par "ses grandes connaissances religieuses".

Des individus déjà radicalisés comme les Clain, mais aussi toute une flopée de nouveaux convertis, comme ce Thomas C., qui disait aux policiers "a*voir découvert l'islam après avoir lu la 'Critique de La Raison Pure'", puis démissionné de son boulot dans un supermarché "pour ne plus avoir à toucher des conserves contenant du porc"*.

Au printemps 2014, toute cette nébuleuse part en masse en Syrie, avec femmes et enfants. C'est le cas de Souad Merah et de son mari, de Sabri Essid, de tant d'autres. Le mari de Souad reviendra cependant peu après, ainsi que deux autres, se disant "effrayés" par ce qu'ils avaient vu là-bas. Olivier Corel a à nouveau été mis en garde à vue en novembre 2014, dans l'affaire Merah, puis relâché. Avec les attentats du 13 novembre, les enquêteurs sont déterminés à arracher les secrets de la filière Artigat, en ciblant ceux qui, comme Corel, sont encore "localisables". L'avocate Samia Maktouf soupire : "C'est trop peu, trop tard".

La Belgique

Arabie Saoudite

En 1969, le roi Baudouin crut bien faire en confiant à l'Arabie saoudite, les clés du pavillon oriental du parc du Cinquantenaire, à Bruxelles. Celle-ci y installa à grands frais le Centre islamique et culturel de Belgique (CICB), qui devint aussi le siège européen de la Ligue islamique mondiale, une ONG panislamique et prosélyte contrôlée par les Saoudiens. Le conseil d'administration de CICB est composé de tous les ambassadeurs des pays musulmans, mais il est présidé de droit par l'ambassadeur d'Arabie saoudite. A l'époque, l'Etat belge voulait faciliter les contrats pétroliers et faire honneur à un pays dont le roi, Fayçal, avait été généreux envers les victimes de l'incendie de l'Innovation (1967). Avec le recul historique, il apparaît que le CICB a joué un rôle-clé dans la diffusion du salafisme en Belgique

Tout au long des années 1980, l'influence du CICB se révéla contre-productive pour l'intégration des immigrés musulmans, au point qu'en 1990, les autorités belges lui retirèrent son statut d'interlocuteur officiel, ainsi que son rôle dans la sélection des professeurs de religion islamique.

L'Arabie saoudite revendique le droit de convertir et de répandre partout dans le monde sa vision de l'islam, qu'elle considère comme la seule authentique. Le wahhabisme repose sur six principes intangibles : monothéisme absolu (tawhid), interdiction des innovations impies (bid'a), loyauté à l'égard de l'"islam pur" et dissociation avec tout ce qui n'est pas musulman ou musulman conforme, comme les soufis ou les chiites (Al wala wa I bara), excommunication des mécréants et des musulmans déviants (takfir), combat armé (djihad). Depuis 1979, a calculé l'historien britannique Charles Allen, les autorités saoudiennes ont consacré plus de 70 milliards de dollars à la diffusion de leurs idées.

Premier bénéficiaire de dons saoudiens, en Belgique : le Jardin des Jeunes, créé à Bruxelles en 1997. On y donne des cours d'arabe et de religion. Plusieurs libraires islamiques en dépendent. Le centre al Imam al Bokhari (1998) coordonne les courants pro-saoudiens en Belgique. Dirigé par des wahhabites d'origine turque, l'ASBL Centre d'éducation et culturel de la Jeunesse (1998), mieux connu sous le nom d'Al Maarifa (Saint-Josse-ten-Noode), possède sa propre imprimerie, Dar el Hadith. A la même adresse, se trouve la Faculté des sciences islamiques de Bruxelles, qui donne des cours d'arabe et propose un cursus théologique de cinq ans, non reconnu par la Communauté française.

Sous l'égide du CICB, une alliance originale s'est nouée entre des conférenciers salafistes très populaires (Mustafa Kastit, Rachid Haddach), et des Frères musulmans plus "politiques" et qui n'affichent pas les caractéristiques vestimentaires des salafistes.

C'est notamment grâce à des prédicateurs comme Haddach que le salafisme s'est développé récemment à Bruxelles. Les chercheurs, les services de police et de renseignement du pays ont vu, année après année, à quel point les musulmans, surtout des jeunes, étaient attirés par le « minha salafi ». En français, cela veut dire littéralement « le chemin du guide pieux ». Le salafisme est un courant interne de l'islam qui plaide pour une pratique religieuse datant de l'époque du prophète Mohammed et de ses disciples, et des deux générations qui ont suivi. D'après les salafistes, ils sont les seuls à avoir connu la vraie vérité.

Les salafistes en viennent ainsi à interpréter le Coran à la lettre, sans tenir compte de l'évolution depuis l'époque du prophète. Par exemple, si le Coran dit qu'une femme doit voyager avec un homme de confiance, c'est bien entendu parce que c'était la manière la plus sûre de voyager au VIIe siècle.

La polygamie est un autre exemple : l'islam autorisait les hommes à avoir jusqu'à quatre épouses. Ce n'était bien sûr pas pour leur plaisir, mais pour la protection des veuves à une époque où les hommes étaient une denrée rare à cause des nombreuses batailles, et où les épouses risquaient de se retrouver seules et sans protection. Alors que la plupart des musulmans considèrent la polygamie comme dépassée, les salafistes, eux, montrent encore très indulgents envers les polygames.

La majeure partie des salafistes ne veut rien avoir à faire avec le terrorisme et n'aspire qu'à vivre selon les prescriptions du Coran. Il y a des salafistes modérés qui défendent aussi le jihad. Nous voyons à Bruxelles des prédicateurs qui disent aux jeunes : vous êtes musulmans, mais pendant que vous buvez et que vous courez derrière les filles, vos coreligionnaires se font tuer en Afghanistan. Ils n'incitent pas à commettre des attentats en Occident, mais ils encouragent tout de même les musulmans à partir là-bas.

Il faut comparer cela avec le catholicisme, il n'y a pas si longtemps : les femmes restent au foyer, les hommes vont travailler, et le dimanche, tout le monde va à la messe. Mais dans d'autres discussions, qui se passent souvent dans des cercles fermés, les jeunes entendent autre chose. On leur conseille d'éviter les occidentaux, et même de les haïr. Une image 'nous contre eux' est en train de prendre forme. Ce sont souvent d'autres musulmans qui en sont les premières victimes. Certains grandissent dans un environnement où ils s'entendent reprocher à longueur de journée de ne pas porter le voile ou de ne pas prier cinq fois par jour. Où on reproche aux magasins de nuit de vendre de l'alcool. Où les femmes refusent de se faire soigner par des médecins de sexe masculin. Une société parallèle finit par émerger, où les salafistes s'isolent de plus en plus de la société occidentale.

Le salafisme apporte des réponses toutes faites dans toutes les facettes de la vie. Comment manger halal, comment s'habiller (tant pour les hommes que les femmes), qui fréquenter (jamais de mixité), à qui et comment il faut dire bonjour (les hommes et les femmes se serrent la main), comment et avec qui se marier, et comment éduquer les enfants. L'ensemble forme un cadre de référence que chacun peut s'approprier sans devoir beaucoup réfléchir.

Lorsque les arbres cachent la forêt, on peut aussi essayer de retrouver son chemin et de se ressourcer dans un des nombreux livres sur le salafisme, qui sont en vente dans les librairies de Bruxelles.

Le salafisme est arrivé en Belgique dans les années quatre-vingt - dix. Ce sont les Saoudiens qui – jamais à court d'argent ou de ressources pour l'envoi d'un imam à l'étranger – ont trouvé en Belgique un terrain fertile à la propagation du wahabisme, la religion d'Etat de l'Arabie saoudite. Le wahabisme est une forme de salafisme.

Les Saoudiens ont construit plusieurs mosquées, ont envoyé des membres de leur clergé et beaucoup d'argent pour propager les messages salafistes, La Grande mosquée, entre autres, leur appartient. Et ce sont eux qui forment presque tous les imams à Bruxelles.

Ils s'adressent à des jeunes, des gamins de rue, des drogués à qui ils font la morale. Ces jeunes se sentent attirés, non pas par les messages radicaux, mais parce que le salafisme est un facteur identitaire. Dès qu'ils sont sur le sentier du salafisme, ils ne doivent plus douter de qui ils sont : Belges, Marocains ou quelque chose entre les deux. Non, ils deviennent tout simplement des musulmans convaincus. »

A cause des restrictions de leur religion, les salafistes bruxellois restent souvent aux niveaux les plus bas de la société. Les jeunes salafistes ont beaucoup de difficulté à s'intégrer dans la société. Ils ne trouvent aucun travail parce que les femmes ne sont pas autorisées à travailler voilées, et parce qu'ils ne peuvent pas s'arrêter de travailler pour prier. Qu'est-ce qu'il leur reste comme possibilité ? Devenir chauffeur de taxi ou épicier, ou encore ouvrir une librairie musulmane.

Molenbeek- Brussels

Molenbeek. C'est déjà là, dans ce dédale de ruelles grises, qu'avait logé en son temps Mehdi Nemmouche, le tueur du musée juif de Bruxelles. Là aussi que l'islamisme radical belge a établi, dès les années 90, une importante base arrière. Il est désormais établi que certains des terroristes qui ont frappé Paris sont issus de cette commune.

Molenbeek. Aux balcons des fenêtres, du linge étendu, sèche dans la douceur d'automne, seul signe de vie, perdu, au milieu des façades grises, anonymes. Derrière l'une d'entre elles, dans une «chambre» sans «charme ni confort» a discrètement logé, au printemps 2014, un jeune français de 29 ans, accusé d'être l'auteur de la tuerie du musée juif de Bruxelles qui a couté la vie à quatre personnes, le 24 mai 2014. De Molenbeek, Mehdi Nemmouche n'a eu à parcourir que quelques kilomètres pour se rendre au Musée juif.

A peine plus d'une heure de route le sépare également de Tourcoing, dans le Nord de la France, où il a grandi. Ce n'est pourtant qu'à son retour de Syrie que le jeune homme échoue à Bruxelles. D'autres avant lui ont emprunté le même chemin. Comme cette quinzaine de jeunes, originaires de Molenbeek, partis combattre, début 2013, en Syrie. Les registres communaux ne comptent qu'une dizaine de radiations effectives ou en cours. «La rumeur bruxelloise» elle, est plus «loquace», confie l'humanitaire belge Bahar Kimyongür. «Il suffit de tendre l'oreille de temps en temps et de suivre certaines conversations pour se rendre compte que la Syrie est devenue omniprésente. »

Rien qu'à Bruxelles, 54 jeunes auraient en effet pris le départ pour Alep, Idlib ou encore Raqqa. Quarante-six jeunes pour la ville Anvers. A elles deux, les deux communes représentent presque un tiers des départs officiellement recensés par les autorités. Près de 350 au total. Six fois plus de départs qu'en France, en proportion, si l'on ramène leur nombre à la population totale. A Molenbeek, souvent dépeint comme un «hameau djihadiste», la question agite depuis longtemps ses habitants.

Si les exemples de jeunes ayant succomber à l'appel du djihad se succèdent, la mère d'un jeune molenbeekois parti lui aussi récemment en Syrie ne semble se reconnaître dans aucun d'entre eux. Ses yeux brillent à l'évocation de son fils. « On culpabilise, on se demande qu'est-ce qu'on a manqué ? » s'interroge-t-elle avant de revenir sur une poignée de souvenirs. « Tout est allé si vite… Il s'est laissé pousser la barbe…Puis il a enlevé tous les bibelots de la maison, a décroché les tableaux…Et un jour il est parti…». «On a perdu le sommeil» conclut une autre mère, qui retarde l'heure du coucher comme pour différer celle du réveil.

Aucune d'entre elles ne souhaite dévoiler son identité pour nous parler car de «là-bas, ils (leur fils, ndlr), voient tout» et les accusent : « C'est de votre faute si on va en prison, vous qui parlez» leur font-ils savoir. Mais pour les mères, contraintes de prendre un nom d'emprunt pour s'exprimer en public, « c'est un problème de ne pas pouvoir parler». Restées en contact régulier avec leurs enfants, auxquels elles demandent «une petite bulle (comprendre : un message; ndlr) par jour», leurs cœurs s'accélèrent depuis la multiplication des frappes de la coalition emmenée par les Etats-Unis.

Accoutumés à la réputation sulfureuse qui leur colle à la peau, les riverains ont toutefois été surpris, à la fin mars, d'apprendre le jeune âge de Younes, emmené par son grand frère Abdelhawid, 27 ans, en Syrie. Il n'a en effet que 13 ans à l'époque mais s'affiche déjà, sur les photos, une kalachnikov presque aussi grande que lui à la main.

Molenbeek avait déjà connu de violents affrontements deux ans plus tôt suite au contrôle d'une jeune convertie, Stéphanie, ayant refusé d'ôter son voile intégral, également interdit en Belgique. «Prise de panique je pensais que j'allais mourir là» déclarait-t-elle lors d'une improbable conférence de presse organisée par le leader de Sharia4Belgium, Fouad Belkacem, 32 ans. Stéphanie ne serait autre que l'épouse de l'un des membres de ce groupuscule qui militait, avant d'être dissous, pour l'instauration d'un califat en Belgique. En représailles du contrôle de police, Fouad Belkacem aurait lui même demandé à ses recrues d'attaquer le commissariat de Molenbeek.

Rachid Haddach

A la Sûreté d'Etat belge, les «départs sur zone», en Syrie, sont pourtant minutieusement scrutés. Mais des voix s'élèvent, ici ou là, pour critiquer les autorités. D'autant qu'un islam rigoriste, d'inspiration wahabite, très prisée en Arabie saoudite, s'est installé dans le pays et est abondamment relayé depuis plusieurs décennies via, entre autres, le Centre islamique et culturel de Bruxelles, le CICB, placé depuis toujours sous la coupe des Saoudiens.

Les «six principes intangibles» du wahabbisme y sont-ils véhiculés? Ainsi, arrivent en bonne place le «monothéisme absolu (tawhid), l'interdiction des innovations impies (bid'a), la loyauté à l'égard de "l'islam pur" et la dissociation avec tout ce qui n'est pas musulman ou musulman conforme, comme les soufis ou les chiites». Juste derrière cependant : «l'excommunication des mécréants et des musulmans déviants (takfir)» et «le combat armé (djihad)».

«Haram, je te dis ! Haram ! Des lignes noires sous les yeux, les sourcils épilés ou – pire encore, qu'Allah me protège – du rouge à lèvres !» La voix se tait. Quelques jeunes filles semblent en colère, d'autres ont mis leurs écouteurs sur leurs oreilles. «Chères sœurs, tout ceci, c'est haram », continue la voix. « Et tant que nous sommes occupés avec l'apparence physique : vous, mes frères, portez des pantalons qui tombent par-dessus vos chevilles. C'est ce que le prophète recommande. Et laissez pousser votre barbe.»

Rachid Haddach – la voix – toussote et continue. «Il y en a qui font la fête jusqu'au matin. Mes frères et sœurs, ça aussi, c'est haram. Il y a des hommes et des femmes qui dansent à des fêtes de mariage, souvent pendant toute la nuit ! Ceux-là vont devoir un jour rendre des comptes.»

Rachid Haddach est un des prédicateurs salafistes les plus populaires à Bruxelles. Il donne à la mosquée Assouna à Anderlecht, une conférence sur le thème «mes actions dans la balance », en d'autres mots : ce que vous faites ici sur terre aura un impact sur votre vie dans l'au-delà.

Son public est séparé en deux groupes : les hommes sont assis à l'avant, devant lui, sur le sol de la mosquée. Les femmes sont en haut, dans une petite salle à part au premier étage. Ils sont tous suspendus à ses lèvres.

Haddach les appelle «mes sœurs et mes frères», comme il convient de le faire dans une mosquée qui se respecte. Les «frères» sont, en ce vendredi soir, quelques centaines. Des jeunes gens costauds en costume de rue, avec des sneakers et des casquettes de base-ball. Des adolescents boutonneux avec des kufis et des tuniques longues. Des jeunes avec des longues barbes, des cheveux coupés très court et, comme le prescrit le salafisme, avec des pantalons qui recouvrent leurs chevilles.

Du côté des «sœurs», il n'y a que quelques dizaines de jeunes filles et jeunes femmes. Leurs cheveux sont recouverts d'un hijab de couleur foncée, et elles sont revêtues d'un long manteau. Ou encore, elles portent un jilbab, une robe longue et ample. D'autres encore portent une abaya, un tissu noir qui ne laisse que le visage et les mains libres.

Les femmes ne peuvent pas voir Haddach, mais seulement l'écouter via les haut-parleurs installés dans la petite pièce. Les «harams» (ce qui est interdit) et les «halals» (ce qui est autorisé) ponctuent son prêche. Porter le voile ? «Halal !, allez-y mes sœurs. Vous ne le regretterez jamais. Les femmes qui travaillent à l'extérieur ? Uniquement si on peut travailler voilée. Sinon, haram ! « Participer à des matches de boxe ? Haram, mes frères. Allah ne veut pas que vous détruisiez votre corps. Vous voyez à quoi ressemble Mohamed Ali ?»

Le public ricane. Les boutades font partie du style de Rachid Haddach. Il parle à son public comme s'il était à un talk-show. « Et toi, mon frère, as-tu pensé à ce qui t'attend dans l'au-delà?», interroge-t-il. Et à quelqu'un d'autre : « Restes-tu parfois seul avec une fille ? Haram ! Pense aux conséquences. Pense à son honneur.»

Les filles chuchotent entre elles, s'échangent des messages. Une femme s'agenouille, en prières. Un peu plus loin, une autre a pris son gamin avec elle. L'enfant se promène, encore instable sur ses petites jambes, il gazouille pour attirer l'attention. L'atmosphère est amicale, presque familiale. Il ne manque que le thé à la menthe et les petits gâteaux. Mais juste au moment où l'ambiance risque de devenir trop agréable, la voix de Rachid Haddach est de retour.

«La religion, ce n'est pas un snack-bar », retentissent les haut-parleurs. « Pour moi, ce sera un dürüm, avec des frites et de la mayonnaise, s'il vous plaît. Et avec des oignons frits. Finalement non. Non, des oignons, mais pas frits. » Rires dans la petite salle. « Non, frères et sœurs, ce n'est pas le but, continue le prédicateur. La religion, c'est quelque chose de beau, mais ce qu'on voit parfois dans la rue, c'est un micmac. Chacun fait ce qu'il veut. Il faut du sérieux. Nous ne sommes pas dans un MacDo.»

Rachid Haddach fait partie du petit club de prédicateurs salafistes qui prêchent chaque semaine quelque part à Bruxelles. Ils ont été formés au Centre islamique et culturel (à la Grande mosquée) au parc du Cinquantenaire. Ils ont suivi des études religieuses en Arabie saoudite et peuvent réciter le Coran par cœur.

D'après sa page Facebook, il a 42 ans, il est marié, et a cinq enfants. Haddach se présente comme un «professeur» et son CV indique qu'après ses études secondaires, il a suivi une série de formations théologiques dans des mosquées en Belgique et à Riyad. Pendant ses conférences, il parle avec beaucoup d'aisance, son ton est un peu celui d'un père qui fait des remontrances à ses enfants. « Respectez vos parents ! » (…) « Soyez bon avec votre épouse ! » (…) « Rendez visite aux malades et aux mourants !» Des conseils auxquels personne ne trouve rien à redire.

Mais si on écoute bien, on peut percevoir à quel point son discours est radical. Il explique qu'au lieu d'aller à l'école maternelle, les enfants doivent rester à la maison jusqu'à l'âge de six ans. Et par là, il suggère que les femmes aussi doivent rester à la maison pour les garder, et que les enfants doivent rester le plus longtemps possible dans un environnement musulman. Sur internet, on trouve des films où il donne son avis sur la musique. « Vous feriez mieux de lire le Coran. Si le prophète était en faveur de la musique, il en aurait profité à son époque.»

Il donne l'exemple du rappeur américain Loon, qui s'est converti à l'islam, et qui était à Bruxelles il y a peu. « Loon a dit que la musique vous faisait entrer dans un autre monde, avec des femmes, un monde où on pousse les gens à danser, à faire certains gestes qui ont une connotation sexuelle. »

Détail piquant: Loon, qui s'appelle désormais Amir Junaid Muhadith, est actuellement en prison à Bruxelles pour des faits de drogue, et attend son extradition pour les Etats-Unis. Mais ça, Haddach n'en dit pas un mot.

Pour Haddach, on en revient à la même chose : rappeler les hommes et les femmes à leur devoir. Les femmes doivent se couvrir la tête, et les hommes doivent se laisser pousser la barbe. Ça aussi, c'est le prophète qui le recommande. Et non, on ne peut pas tailler sa barbe.

En témoigne sa barbe impressionnante, dans laquelle il trifouille de temps en temps.

Aucune preuve ne permet à ce jour d'incriminer les responsables du Centre islamique et culturel de Bruxelles mais leurs prêches posent toutefois quelques questions. Pourquoi Abdelkader Merah, connu pour défendre des positions aussi radicales que celles de son frère, Mohamed Merah, auteur des attentats de Toulouse (Mars 2012), a-t-il assisté, selon une note des renseignements français, le 14 janvier 2007, à l'écart du centre-ville toulousain, à une conférence de Rachid Haddach, célèbre prédicateur lié au CICB de Bruxelles et débarqué la veille à l'aéroport de Carcassonne ?

Si tous les salafistes ne prônent pas le djihad, certains de leurs conseils mettent néanmoins à mal la cohésion sociale. Si on écoute bien, on peut percevoir à quel point (le discours de Rachid Haddach) est radical. «Au lieu d'aller à l'école maternelle», conseille-t-il par exemple "les enfants doivent rester à la maison jusqu'à l'âge de six ans". Rien d'illégal, l'école maternelle n'est pas obligatoire en Belgique même si elle est fréquentée par la quasi-totalité des enfants. Mais Rachid Haddach ne cesse de frôler la ligne jaune. Il le sait, il est surveillé. De près.

D'autres sont moins prudents. Anvers, par exemple, accueille une succursale unique en son genre : l'institut yéménite Dar El Hadith qui prône de curieux enseignements, notamment inspirés par Rabiem El Metkhali, adepte fervent de la lapidation.

Sharia4Belgium

L'objectif de Sharia4Belgium était la destruction de la démocratie et la mise en place d'un Etat islamique. Pour parvenir à ses fins, Sharia4Belgium se concentrait sur cinq activités:

-diffusion de l'idéologie via internet et les réseaux sociaux,
-recrutement de jeunes musulmans via des prêches de rue,
-endoctrinement de ceux-ci lors d'entraînements idéologiques et physiques
-actions violentes en Belgique
-lutte armée en Syrie

C'est également à Anvers que Sharia4Belgium avait en son temps installé son QG et ses «street dawah », des rencontres à travers lesquelles le groupe abordait, dans la rue, ses futures oies. De là, Sharia4Belgium avait établi des liens à l'international, aux Pays-Bas mais aussi au Royaume-Uni, où elle était en contact avec Anjem Choudary, le leader des Al Muhajiroun, organisation dissoute en 2011 par les lois antiterroriste votées après les attentats de Londres.

En Belgique, la plupart des jeunes partis en Syrie sont d'ailleurs flamands, originaires de Vilvorde, Malines mais surtout donc d'Anvers où le Vlaams Belang d'extrême droite a réalisé, dans les années 2000 ses meilleurs scores, avant d'être laminée par les indépendantistes du NVA de Bart de Wever, le nouveau bourgmestre (maire) d'Anvers.

Les jeunes n'ont plus besoin de la mosquée. Ils n'ont pas un comportement religieux de longue date. A ceux qui partent faire le djihad, à tous ces adolescents en perte de repères ou d'idéaux, au chômage pour certains, Bahar Kimyongür ajoute ce qu'il appelle la «majorité silencieuse», ceux qui se comptent par plusieurs dizaines et dont on ne parle jamais. «Ne sous estimons pas l'impact, la sympathie que soulève l'Etat islamique dans les rues européennes. Il y a une banalisation totale des symboles, du discours, et de ce principe insupportable qu'il faut haïr par amour de dieu ».

Ces activités étaient planifiées depuis un appartement d'Anvers qui servait de quartier général à Sharia4Belgium. Cinq sessions idéologiques ou physiques y étaient organisées chaque semaine. La participation aux réunions, qui comprenaient également des entraînements au combat, était obligatoire pour les membres sous peine de sanctions. Les jeunes y apprenaient les principes du salafisme.

Les leaders et membres de Sharia4Belgium qui ont rallié la Syrie pour y combattre ont rejoint des groupes salafistes inspirés d'Al-Qaïda tels que le front Al-Nosra et Majlis Shura. La Syrie constitue l'endroit idéal pour mettre en place un Etat islamique, selon ces organisations, tant géographiquement qu'en raison de l'instabilité politique qui y règne.

Lorsque les recrues étaient suffisamment imprégnées du discours idéologique, elles commençaient à prendre part à des actions violentes, selon le ministère public. En mars 2010, le groupuscule se fit pour la première fois remarquer en perturbant une lecture de l'auteur néerlandais Benno Barnard à l'université d'Anvers. D'autres faits suivirent, tels que des affrontements avec la police à la suite d'un prêche de rue en décembre 2011, l'incident lié au contrôle d'identité d'une femme portant le niqab à Molenbeek en mai 2012 ou encore l'action de protestation contre le film "L'innocence des musulmans", en septembre 2012 à Anvers.

A partir d'août 2012, l'ensemble des leaders et la plupart des membres du noyau dur du groupuscule - à l'exception de Fouad Belkacem - sont partis combattre en Syrie.

Majlis Shura

Le groupuscule Majlis Shura, qui ne rassemblait que quelques combattants, s'est développé au point de compter plusieurs centaines de membres à la mi-2013. Son quartier général se trouvait à Kafr Hamra, où les hommes étaient répartis entre le "palais" et la "villa". Le prévenu Houssien E., qui serait entre-temps décédé, était l'"émir" de la villa. Il devait notamment approuver l'intégration des nouveaux combattants.

Parmi les activités du groupe figuraient des entraînements religieux et physiques, des missions armées contre les militaires gouvernementaux du président al-Assad, des missions de surveillance ou de logistique, mais aussi des enlèvements et des meurtres de mécréants. Majlis Shura a intégré l'Etat islamique à la mi-2013. Des combattants étrangers ont également rejoint le front Al-Nosra, un groupe terroriste similaire.

Le procès en 2014

Fouad Belkacem est à l'origine de l'organisation en 2010 et a commencé, avec Feisal Y. (31 ans), Nabil K. (23 ans), Brahim B. (28 ans) et Hicham C. (32 ans), à recruter des jeunes en les abordant en rue via des "Street Dawah" et des prédications en rue. Les personnes recrutées par l'organisation recevaient un endoctrinement religieux et idéologique, participaient à des actions de protestation et ont également été, dans une phase ultérieure, envoyer en Syrie pour combattre.

Fouad Belkacem en était l'incontestable numéro 1, il en était le fondateur, le porte-parole, le prédicateur et la personne de contact pour les groupes étrangers similaires. Fouad Belkacem avait une fonction de leader dans chaque activité du groupe. Il en diffusait l'idéologie salafiste, recrutait les membres et s'occupait de leur endoctrinement. Les prévenus Jejoen Bontinck, Elias T. et Walid L. ont notamment raconté comment ils avaient été inspirés par sa manière de prêcher et déclaré qu'ils le considéraient comme un père spirituel.

Il était également à la base des actions violentes. Il avait ainsi mobilisé par téléphone ses jeunes recrues afin qu'elles aillent attaquer le commissariat de Molenbeek (Bruxelles) après l'incident du niqab, le 31 mai 2012. Le ministère public considère qu'il a incité à la haine et à la violence et que les départs massifs vers la Syrie en sont le résultat.

D'autres prévenus ont décrit Fouad Belkacem comme le leader incontestable du groupuscule. Celui-ci avait reconnu lors de l'enquête qu'il avait fondé Sharia4Belgium, mais a nié toute violence ou entraînement au combat. Il considère les vidéos appelant au djihad comme de la pure théologie et de la simple provocation, et dément avoir enrôlé des personnes en vue de les envoyer en Syrie.

Un prosélytisme violent, qu'il nie mais qui le conduit pourtant aujourd'hui, aux côtés de 45 autres prévenus, sur le banc des accusés. Il encourt jusqu'à 15 ans de prison pour être à la tête de cette organisation soupçonnée par ailleurs d'avoir incité et acheminé des jeunes belges en Syrie. Lors des auditions, Fouad Belkacem avait adopté un ton provocateur et injurié les enquêteurs. Bilal E.M. s'est par ailleurs présenté au tribunal, ce qui porte le total de prévenus physiquement présents à neuf.

Michaël Delefortrie, un Belge parti combattre en Syrie poursuivi au procès pour terrorisme de Sharia4Belgium devant le tribunal correctionnel d'Anvers, a déclaré durant la pause de midi qu'il ne désavouait pas son ancien leader Fouad Belkacem. Il estime que le ministère public a sorti des éléments de leur contexte. Le prévenu, âgé de 26 ans et en liberté sous conditions, a notamment fait référence aux "entraînements" de Sharia4Belgium sur lesquels s'est attardé le ministère public. "Nous avions effectivement un planning, un agenda. Mais nous ne faisions que du sport" et rien d'autre, a-t-il assuré.

L'Anversois a minimisé l'importance des vidéos appelant à la lutte armée, soulignant que nombre d'entre elles n'étaient que de la musculation verbale. "Si ces vidéos étaient illégales, pourquoi personne n'est-il intervenu? ", a-t-il demandé. "

Interrogé par les médias lors d'une interruption au procès pour terrorisme de Sharia4Belgium, à Anvers, Dimitri Bontinck s'en est pris à l'ancien leader du groupuscule. "Comme toujours, il rit. Ben Laden rigole depuis l'enfer, Belkacem depuis sa cellule", a déclaré en anglais le père du jeune Jejoen, qui est à la fois prévenu et victime dans ce dossier. Pour M. Bontinck, il est clair que Fouad Belkacem est coupable d'avoir enrôlé des jeunes gens afin de les envoyer combattre en Syrie. Il réclame l'acquittement de son fils, "qui ne serait jamais parti sans Sharia4Belgium", a-t-il insisté.

Selon Dimitri Bontinck, son fils reçoit encore régulièrement des menaces, notamment de mort. Il en tient le ministère public pour responsable. "Les témoignages de Jejoen ont été utilisés pour poursuivre d'autres personnes. A l'étranger, il aurait déjà reçu une autre identité."

M. Bontinck s'en est enfin pris au monde politique, qu'il accuse de ne pas faire le nécessaire pour empêcher que des jeunes partent combattre en Syrie. "Des mineurs pénètrent encore sur le territoire syrien en ce moment. Il faut davantage de prévention et de contrôles dans les aéroports. Les politiques doivent prendre leurs responsabilités."

De son côté, Abdel Rahman Ayachi n'a pas eu le temps d'être jugé. Il est mort, en juin 2013, en Syrie où il dirigeait les Faucons du Cham, une armée de 600 hommes. Installé avec son père à Molenbeek, depuis le début des années 90, il se cachait derrière le site internet

Assabyle dont les forums permettaient d'établir une liaison directe entre les futurs combattants et leur chef spirituel, un prédicateur franco-syrien, le cheikh Bassam Ayachi... son père. Pour cela, père et fils avaient monté une petite structure familiale, le Centre islamique belge, le (CIB), à Molenbeek. Où ils ont notamment fréquenté le Tunisien Abdessatar Dahmane, auteur de l'attentat qui a tué, en 2001, en Afghanistan, le commandant Massoud. Deux jours avant les attentats du 11 septembre.

Le procès pour terrorisme à charge de l'organisation Sharia4Belgium avait lieu devant le tribunal correctionnel d'Anvers. Au total, 46 prévenus, dont Fouad Belkacem (32 ans), comparaissent comme dirigeants ou membres d'une organisation terroriste. Le procès, qui suscite une grande attention de la part des médias belges et étrangers, est accompagné de mesures de sécurité supplémentaires. L'enquête relative à l'organisation a débuté en février 2012 et a mené à 48 perquisitions le 16 avril 2013 à Anvers, Bruxelles, Boom, Vilvorde, Schaerbeek et Charleroi. Fouad Belkacem, ancien porte-parole de Sharia4Belgium, avait également été arrêté à cette date et est depuis en détention préventive.

Ces cinq prévenus ainsi qu'Elias T. (24 ans) et Houssien E. (23 ans) et neuf autres comparaissent comme leaders d'un groupe terroriste et risquent jusqu'à quinze ans de prison. Ces prévenus poursuivis pour avoir participé à des activités d'un mouvement terroriste risquent jusqu'à cinq ans de prison. Jejoen Bontinck (19 ans) fait partie de ce groupe mais est considéré comme une victime par le parquet fédéral belge. Lorsqu'il a souhaité rentrer de Syrie, le jeune homme a été retenu par une trentaine d'autres prévenus. Il a fait des aveux complets à son retour en Belgique.

D'autres noms impliqués dans ce procès sont ceux de Michaël Delefortrie (25 ans), combattant de retour de Syrie et Brian De Mulder (21 ans), qui s'y trouve toujours en Syrie. Il est poursuivi pour des menaces à l'encontre du ministre de la Défense en Affaires courantes Pieter De Crem et l'homme politique néerlandais Geert Wilders.

L'attaque contre un commissariat de police à Molenbeek-Saint-Jean le 31 mai 2012, après l'interpellation d'une jeune femme en niqab, forme également un autre volet, dans lequel doivent comparaître notamment Fouad Belkacem et Hicham C. Sur les 46 prévenus, 38 feront défaut. Il est probable que ces derniers se trouvent actuellement en Syrie ou qu'ils soient entre-temps décédés.

Ce procès fait l'objet de mesures de sécurité supplémentaires et la présence policière sera renforcée. La police recommande à toute personne dont la présence au palais de Justice et sur la Bolivarplaats n'est pas requise de rester à l'écart. "Il s'agit du plus grand procès pour terrorisme qui ait jamais eu lieu à Anvers et peut-être même en Belgique, donc nous ne laissons rien au hasard au niveau de la sécurité", a indiqué la porte-parole de la police, Veerle De Vries.

Jejoen Bontinck

Jejoen Bontinck est poursuivi devant le tribunal correctionnel d'Anvers pour participation à des activités d'un groupe terroriste. Il était, selon l'accusation, membre du noyau dur de Sharia4Belgium. Il était parti en février 2013 en Syrie où il était resté pendant huit mois. A son retour en Belgique, il a livré des aveux détaillés, sur ses propres actions mais aussi celles d'autres personnes. Jejoen Bontinck s'est radicalisé fin novembre 2011. Il était entré en contact avec Sharia4Belgium via le co-prévenu Azeddine K.B. Des cours lui ont été donnés par Fouad Belkacem, porte-parole de Sharia4Belgium.

Jejoen Bontinck allait régulièrement au quartier général de Sharia4Belgium à Anvers. Il est parti le 22 février 2013, à la demande d'Azeddine K.B., en Syrie où il a été accueilli par Houssein E. et Feisal Y. Il a immédiatement été conditionné sur place, recevant une formation tactique et idéologique, mais il avait déjà presque tout appris avec Fouad Belkacem, selon ses propres déclarations.

Il a été enfermé le 5 mars 2013, les "autres" se méfiant de lui car il voulait rentrer chez lui. Il était perçu alors comme un espion. Lors de sa détention, il a été battu avec notamment des câbles électriques et humilié. Il a été libéré le 22 septembre 2013 et a participé durant deux semaines à des activités du groupe de l'Etat islamique. Il portait alors une mitraillette de type Kalachnikov. Il passait ses moments libres à Alep où il est entré en contact sur Internet avec son père qui l'a aidé à quitter le pays. Après être resté six jours aux Pays-Bas, il est retourné en Belgique le 18 octobre 2013, où il a été arrêté.

Il a d'abord expliqué aux enquêteurs qu'il était parti comme volontaire mais a fait état ensuite des mauvais traitements physiques et psychologiques subis en Syrie et de sa détention avec des otages journalistes, dont James Foley, décapité ensuite par le groupe Etat Islamique. Après avoir éclairé le tribunal correctionnel d'Anvers sur l'idéologie, les objectifs et les activités de Sharia4Belgium, le ministère public a détaillé le rôle joué par chacun des 46 prévenus au sein du groupuscule poursuivi pour terrorisme.

Jejoen Bontinck lui-même avait fait des déclarations similaires lors de son audition. "Belkacem était mon père spirituel, la manière dont il parlait était unique. Les leçons agissaient comme une seringue. J'étais complètement aspiré par l'organisation et ses idées. Je ne serais jamais parti en Syrie sans cela.

Les «Services»

Dans cette multitude d'accusations, des individus, des systèmes d'information, des départements, voire des rivalités entre services sont pointés du doigt, à des degrés divers, et ont du mal à réagir sous le poids de la pression publique et médiatique. Au niveau politique, trop de partis se renvoient la balle en se rejetant les responsabilités de ministre en ministre et de gouvernement en gouvernement

Même si des chaînes de décision sont clairement à revoir, des systèmes d'échange d'informations à redessiner et des fautes individuelles à identifier, l'objectif est de montrer que la principale faillite est celle d'une idéologie : la course au "toujours moins d'Etat" qui veut que la force publique intervienne le moins possible dans les différents aspects de notre vie en société.

Au niveau belge, il est intéressant de regarder de plus près l'évolution des moyens mis à disposition depuis une dizaine d'années, en particulier dans les départements qui sont actuellement dans l'oeil du cyclone. En ce qui concerne l'ensemble de la police, entre janvier 2010 et janvier 2016, plus de 10.000 équivalents temps plein ont été perdus et il manque aujourd'hui structurellement 4.000 policiers pour remplir le "cadre normal" de fonctionnement, sur un total d'environ 40.000 personnes.

Du côté de services de renseignement, le patron de la Sûreté de l'État lançait en janvier 2015 un cri d'alarme en réclamant le recrutement de 120 collaborateurs en 3 ans, car il estimait que les "économies avaient produit un lourd tribut " et que son département était devenu "un petit service défensif" en comparaison avec ses homologues étrangers. Suite aux attentats de Paris, il est vrai que cette tendance s'est inversée et que les recrutements sont timidement repartis à la hausse, mais comment expliquer qu'il ait fallu attendre de telles horreurs pour réagir ?

Durant les auditions de la commission Terrorisme, mise sur pied en novembre dernier à la Chambre, les mêmes constats étaient unanimement repris par les juges d'instruction, les avocats généraux, les procureurs ou les directeurs de police judiciaire interrogés : la dénonciation de leurs difficiles conditions de travail, dans des structures obsolètes, et leur appel à recevoir davantage de moyens, en particulier humains. Ces experts de terrain mettaient donc clairement les députés devant leurs responsabilités de désinvestissement public chronique et, pour la plupart, nous expliquaient que de nouvelles législations ne représentaient qu'un palliatif aux manques de financement dont ils souffraient. Le débat sur la prolongation de la durée de garde à vue en est un exemple parmi d'autres.

Les terroristes de Daech veulent imposer leur vision du monde : la haine mutuelle, la division de tous contre tous, la militarisation et de nouvelles guerres.

Des questions que fâchent

•*Le terroriste kamikaze Ibrahim El Bakraoui a bénéficié d'une libération anticipée sous conditions en octobre 2014. Mais lorsqu'en juin 2015, il ne s'est pas présenté à son rendez-vous avec l'assistant de justice, il n'a pas été immédiatement recherché. Pourquoi pas ? Pourquoi sa liberté conditionnelle ne lui a-t-elle été retirée qu'en août 2015 ?*

•*Quelles conditions ont-elles été mises pour la libération anticipée d'Ibrahim El Bakraoui ?*

•*Une interdiction de quitter le territoire a-t-elle été décrétée à l'encontre d'Ibrahim El Bakraoui? Si non, pourquoi pas? Si oui, son passeport a-t-il été remis aux services de police ?*

•A-t-il été question d'une surveillance effective à l'encontre d'Ibrahim El Bakraoui, ou bien l'accompagnement se limitait-il à un rendez-vous mensuel avec l'assistant de justice ?

•Quel est le nombre moyen de dossiers que doit suivre un assistant de justice à Bruxelles ? Et en quoi consiste un tel contrôle ?

•Quelles sont les conséquences de la politique d'austérité sur les institutions judiciaires concernant les possibilités des assistants de justice pour suivre les libérations conditionnelles ?

•Après une première absence d'El Bakraoui puis une deuxième, l'assistant judiciaire a réagi assez vite en informant le parquet. C'était, sauf erreur, en mai. Pourquoi le parquet n'a-t-il pas alors fait une demande de recherche ? Pourquoi Ibrahim El Bakraoui n'a-t-il pas alors été signalé au plan national et au plan international ?

•En août, la libération conditionnelle a été supprimée par le tribunal d'application des peines. Le juge n'était toutefois pas au courant que la Turquie avait expulsé Ibrahim El Bakraoui vers les Pays-Bas et que, donc, il n'était peut-être pas dans le pays. Le magistrat du parquet était-il informé que l'inculpé s'état rendu en Turquie et en Syrie ? Si oui, pourquoi le magistrat du parquet n'a-t-il pas communiqué cela lors de l'audience ? Si non, comment cela se fait-il ? Le parquet fédéral était-il au courant ?

•Nos autorités prennent-elles en compte le fait que c'est par la ville de Gaziantep, en Turquie, à la frontière syrienne, que passent de nombreux jeunes radicalisés pour aller combattre en Syrie ? Et que c'est aussi via Gaziantep qu'ils reviennent en Turquie pour retourner en Europe ?

•Si oui, pourquoi n'a-t-on pas alors envoyé un agent supplémentaire en Turquie pour surveiller expressément ce retour de combattants djihadistes vers la Belgique ? Pourquoi a-t-on donné cette mission supplémentaire au seul officier de liaison belge en plus de ses autres tâches ? Quels moyens supplémentaires ont-ils été mis à la disposition de l'officier de liaison ?

•Il y a neuf mois, le 26 juin 2015, l'officier de liaison belge en Turquie a été informé qu'Ibrahim El Bakraoui, qui a fui la Belgique, avait été arrêté à Gaziantep. Le 29 juin, l'officier de liaison informe la police judiciaire fédérale, service Terrorisme (DJSCO/Terro). Comment le service central Terro à Bruxelles a-t-il réagi à cette information ? La mention de Gaziantep n'a-t-elle pas mis en alerte ?

•Comment se fait-il que la police fédérale ne prenne pas les choses en main, mais se contente de renvoyer la balle à l'officier de liaison en lui demandant les raisons pour lesquelles El Bakraoui a été appréhendé ? Pourquoi la police fédérale n'a-t-elle pas agi de manière plus proactive et suivi l'affaire, puisqu'El Bakraoui était connu des services de notre pays en tant que criminel, qu'il avait été arrêté à Gaziantep, ville de transit des combattants djihadistes ?

•Est-il exact que ce n'est que cinq mois plus tard, le 9 décembre dernier, que le service central a transmis un rapport secret sur El Bakraoui aux autres services, comme la Sûreté de l'État, les unités spéciales et la DR3 (la section spéciale antiterroriste de la police judiciaire fédérale de Bruxelles) ? Cela faisait déjà près de 4 semaines que cette dernière enquêtait sur les attentats de Paris et sur le réseau terroriste dont faisait partie El Bakraoui.

•L'officier de liaison était-il en vacances après le 26 juin ? Si oui, a-t-il été remplacé ? Si non, pourquoi pas ? N'était-il pas depuis un certain temps nécessaire de renforcer notre présence à notre ambassade en Turquie, pays où sont entre-temps passés 800 candidats belges au djihad ? Pourquoi cela n'a-t-il pas été fait ?

•L'accord avec la Turquie stipule-t-il que la Belgique peut interroger des (potentiels) combattants en Syrie qui ont été arrêtés ? Si oui, *pourquoi ne l'a-t-on pas fait ? Si non, pourquoi l'accord ne comporte-t-il pas une telle clausule ?*

•Comment se fait-il que la somme des informations disponibles, c'est-à-dire : banditisme armé avec violence + kalachnikovs + combattant de retour de Syrie, n'a pas déclenché la sonnette d'alarme pour indiquer qu'il s'agissait d'une personne extrêmement dangereuse ? D'autant plus qu'Ibrahim El Bakraoui était à ce moment en libération conditionnelle - dont il avait enfreint les conditions - après quelques années de prison ?

•Quand les autorités belges ont-elles été informées que la Turquie avait expulsé El Bakraoui via un vol vers les Pays-Bas ? Quelles sont les actions qui ont alors été entreprises ? Est-il exact que les autorités belges n'ont agi qu'un jour après l'arrivée d'El Bakraoui aux Pays-Bas, et que celui-ci avait donc déjà disparu ?

•Pourquoi le ministre de la Sécurité et de l'Intérieur Jan Jambon (N-VA) assume-t-il publiquement la responsabilité principale pour un dysfonctionnement d'"une seule personne" (sic), c'est-à-dire l'officier de liaison, sans répondre aux cruciales questions préalables ? Pourquoi une seule personne est-elle mise au pilori dans les médias, alors que toutes les questions structurelles sont éludées sous couverture de l'enquête en cours ?

•comment se fait-il que notre gouvernement sous-estime gravement depuis près d'une demi-année la problématique des djihadistes qui reviennent de Syrie ? Y a-t-il un lien avec le fait que l'on a laissé des jeunes partir en Syrie en fermant les yeux ?

•Combien d'autres informations ont-elles été transmises par la Turquie sur des possibles combattants en Syrie arrêtés à la frontière ? Qu'a-t-on fait de ces informations ?

•Y a-t-il des contacts et des échanges d'informations entre les services de sécurité turcs et belges ? Y a-t-il également des contacts entre les différents services de la sécurité de l'État concernant les combattants en Syrie et la lutte contre le terrorisme djihadiste ? Que fait-on de leurs informations ? Y a-t-il échange d'information avec la police judiciaire ?

•Si l'information sur Ibrahim El Bakraoui a été transmise au parquet fédéral, pourquoi n'a-t-on pas ouvert d'enquête pénale sur cet homme ? Encore une fois, il s'agit d'un criminel, qui avait été condamné par le tribunal à dix ans de prison.

•Pourquoi l'entrée sur le territoire et la sortie de celui-ci dans l'intention de commettre des actes terroristes ne sont-elles devenues punissables qu'en juillet 2015 ?

•Pourtant (et heureusement), plusieurs personnes ont été condamnées avant cette modification de la loi. Elles ont été condamnées (à juste titre) pour participation à des activités d'une organisation terroriste en tentant de se rendre en Syrie ou en Tchétchénie. Pourquoi le parquet fédéral n'a-t-il pas alors fait ouvrir une enquête pénale par un juge d'instruction à l'encontre d'Ibrahim El Bakraoui ? Pourquoi n'a-t-on pas alors désigné de juge d'instruction pour cette affaire ?

•Un juge d'instruction a la possibilité d'émettre un mandat d'arrêt international. Pourquoi ce mandat n'a-t-il pas immédiatement été transmis aux Turcs de manière à ce qu'ils livrent Ibrahim El Bakraoui à la Belgique, au lieu de simplement l'expulser vers les Pays-Bas ?

•Pourquoi une enquête n'est-elle pas ouverte et un mandat d'arrêt international délivré à l'encontre de toute personne trouvée ou arrêtée à la frontière turco-syrienne ?

•*En octobre dernier, un autre rapport du Comité P mettait en garde contre le fait que le service central n'avait qu'une seule personne, et en plus à mi-temps, pour pister la radicalisation sur les réseaux sociaux. Est-il exact que la Sûreté de l'État ne disposait jusqu'il y a peu que d'une seule personne en service maîtrisant la langue arabe ? Si oui, comment cela se fait-il ?*